Inhaltsverzeichnis
Content

Vorwort
Preface

Prof. Dr. Sabine Schulze
Direktorin, Museum für Kunst und Gewerbe Hamburg

DE

Fast Fashion. Die Schattenseiten der Mode ist eine designkritische Ausstellung. Sie setzt sich mit den Produktionsbedingungen, den sozialen und ökologischen Folgen von Mode auseinander, die weltweit zu Niedrigpreisen verkauft wird.

Fast Fashion steht als Synonym für ein massenproduziertes Modeprodukt, das häufig auch High End Modeentwürfe kopiert, sowie für ein spezifisches Produktions- und Vertriebssystem. In der Hierarchie der Mode ist die Fast Fashion am unteren Ende angesiedelt, nach der Haute Couture, der Prêt-à-Porter Mode, der Konfektionsware im mittleren Preissegment.

Fast Fashion bedeutet Beschleunigung: für die Globalisierung von modischem Mainstream; für die Produktion und den Handel (möglich sind zwei Wochen vom Entwurf bis zur Auslieferung!); für den Gebrauch und Verschleiß von Kleidung. Fast Fashion hat den neuen Typus der schnellen ModekonsumentInnen hervorgebracht. Sie ist zu einem ökonomischen Erfolgsmodell geworden, was sie wiederum für die Haute Couture Häuser interessant macht.

Als Gegenmodell zur Fast Fashion gewinnt die Slow Fashion Bewegung immer mehr an Bedeutung. Sie fordert sowohl die ProduzentInnen als auch die KonsumentInnen zu einer neuen Form von Verantwortung und Respekt gegenüber Mensch, Umwelt und Produkten heraus.

Die Ausstellung *Fast Fashion. Die Schattenseiten der Mode* stellt beides vor: Zusammenhänge in der Fast Fashion Industrie sowie unter dem Stichwort Slow Fashion einige der Grundlagen (nachhaltige Fasern, innovative Technologien, Designkonzepte, Labelfinder) für eine ethische Mode.

Der Magalog ist eng mit der Ausstellung verzahnt: kurze, glossarartige Texte liefern den BesucherInnen und LeserInnen vertiefende Informationen zu dieser komplexen Thematik.

Das gesamte Projekt *Fast Fashion. Die Schattenseiten der Mode* hätte nicht in dieser Form entstehen können ohne das Vertrauen und die damit verbundene, großzügige Unterstützung durch die Karin Stilke Stiftung sowie die Deutsche Bundesstiftung Umwelt.

Ebenso bedanken wir uns für anhaltende konstruktive Gespräche und fachliche Beratung vor allem bei Marc Brandt, Ina Budde, Prof. Dr. Oliver Klante, Prof. Patrick Kugler, Dr. Lucy Norris, Tina Stridde, Prof. Friederike von Wedel-Parlow, Brigitte Zietlow. Auch allen Autoren möchten wir für ihre instruktiven Beiträge zum Magalog sehr herzlich danken.

Jesko Fezer hat mit seinem Team die komplizierten Ausstellungsinhalte sehr überzeugend in eine ebenso prägnante wie anschauliche Ausstellungsarchitektur übersetzt. Das Grafikertrio Friederike Wolf, Larissa Starke und Nils Reinke-Dieker hat sich sehr erfolgreich der Herausforderung gestellt, ein schlüssiges Corporate Design für die Ausstellung zu entwickeln.

EN

"Fast Fashion. The dark sides of fashion" is a design-critical exhibition. It addresses the conditions of production and the social and ecological impacts of fashion sold all over the world at low prices.

Fast Fashion is synonymous with a mass-produced type of fashion which frequently also copies high-end designs, and stands for a particular system of production and marketing. In the hierarchy of fashion, Fast Fashion is at the lower end of the scale, after Haute Couture, Prêt-à-Porter and off-the-peg fashion in the medium price segment.

Fast Fashion means speeding everything up; the globalization of mainstream fashion, production and trade (it is possible to go from the design to delivery of the finished garments within two weeks!), the use phase of clothes and their wearing out. Fast Fashion has generated a new figure in fashion - the Fast Consumer. It is a real economic success story, which in turn makes it interesting for the Haute Couture houses.

As a counter-model to Fast Fashion, the Slow Fashion movement is continually gaining in importance. It challenges both producers and consumers to develop a new attitude of responsibility and respect towards people, the environment and the products themselves.

The exhibition "Fast Fashion. The dark sides of fashion" presents both sides: the context within which the Fast Fashion industry functions as well as, under the heading of Slow Fashion, some of the basic elements (sustainable fibres, innovative technologies, new design concepts, label finders) for ethically acceptable fashion.

The Magalog dovetails closely with the exhibition: short texts, as a kind of glossary, provide information to give visitors and readers greater insight into this complex subject.

The entire project “Fast Fashion. The dark sides of fashion” could not have been realized in this form without the confidence and consequent generous support of the Karin Stilke Stiftung as well as the Deutsche Bundesstiftung Umwelt.

We would also like to express our thanks for the constructive discussions and expertise given throughout above all by Marc Brandt, Ina Budde, Prof. Dr. Oliver Klante, Prof. Patrick Kugler, Dr. Lucy Norris, Tina Stridde, Prof. Friederike von Wedel-Parlow and Brigitte Zietlow. We would also like to take this opportunity to give our heartfelt thanks to all the authors for their instructive contributions to the Magalog.

Jesko Fezer and his team translated the highly complicated contents of the exhibition most convincingly into an exhibition architecture which at the same time makes a clear and concise statement and vividly illustrates the themes. The trio of graphic artists Friederike Wolf, Larissa Starke and Nils Reinke-Dieker proved themselves more than equal to the challenge of producing an instantly recognizable corporate design for the exhibition.

Einführung
Introduction

Fast Fashion
Die Schattenseiten der Mode
The dark sides of fashion

Claudia Banz
Kuratorin der Ausstellung
Fast Fashion

DE

Mode ist ein gesellschaftliches Regelungssystem ganz eigener Art und gilt als Schrittmacher des sozialen Wandels. Schon immer war sie eng mit dem modernen Kapitalismus verknüpft, gemäß der Devise: „Nur Verschwendung bringt Prestige".

Der marxistische Kulturwissenschaftler Eduard Fuchs antizipiert am Beginn des 20. Jahrhunderts hellsichtig die Wechselwirkungen vom unaufhörlichen Wechsel in der Mode und kapitalistischem Profitstreben: „Wenn der Wechsel in der Mode ehedem das ausschließliche Vorrecht der Besitzenden war und ein Nachahmen nur sehr langsam vonstatten ging, so muss der moderne kapitalistische Betrieb, der auf dem Massenabsatz beruht, systematisch dahin drängen, dass nicht nur enge Kreise dem Modewechsel folgen, sondern möglichst die Gesamtheit. Der Kapitalismus muss die Gesellschaft äußerlich demokratisieren, zwar nicht aus den politischen Idealen der Bourgeoisie heraus, sondern eben im Interesse der Mehrwerterzeugung, der fortgesetzten Steigerung der Profitrate." [1]

Beim Übergang vom Bildungsbürgertum zur Konsumgesellschaft übernimmt neben dem Produktdesign vor allem die Mode eine wichtige Funktion: Sie soll nicht nur ästhetische Reize aussenden, um Aufmerksamkeit zu erregen; vielmehr steht die Stärkung der persönlichen Identität sowie die Formulierung eines Lebensstils oder Lebensentwurfs auf dem Spiel. Umgekehrt gehört es zum Ehrgeiz der Marktwirtschaft und ihren Marketingstrategen, das Verhalten der KonsumentInnen vorherzusehen oder gar zu planen, um damit den Erfolg einer Marke scheinbar kontrollieren zu können.

In keinem Bereich der Konsumgüterindustrie funktioniert das Prinzip, neue Bedürfnisse zu schaffen, so gut wie in der Mode. Die Fast Fashion, ein seit den 1990ern wachsendes Erfolgsmodell innerhalb der Branche, hat dieses ‚Haben wollen' noch potenziert: Innerhalb von 14 Tagen schaffen es die Moderiesen dank Vertikalisierung, neue Kollektionen auf den Markt zu bringen. Die Preise für Bekleidung sinken und damit die Qualität. Der Markt ist eng und gesättigt. Trotzdem gelingt es durch unterschiedliche Marketingstrategien, die KonsumentInnen kontinuierlich zu animieren, immer mehr zu kaufen. Besonders erfolgreich ist das sogenannte ‚celebritiy seeding': Zahlreiche Lifestyle- und Hochglanzmagazine präsentieren die aufregende Welt der Stars und Sternchen. Modebrands nutzen diese mediale Aufmerksamkeit für sich, indem sie ihre Produkte verschenken und die Stars damit zu Werbeträgern machen. Die Fast Fashion wiederum verwandelt diese ‚Staroutfits' in preiswertere Varianten zum Nachkaufen.

Die Politik der niederen Preise appelliert an die unbewussten Instinkte im Menschen und deren Glückssehnsucht: Sie will bei den KundInnen das Gefühl erzeugen, beim Einkaufen zu sparen und daher nicht wirklich zu konsumieren. Sich für ein vergleichsweise billigeres Angebot entscheiden zu können, täuscht eine Form von Verzicht vor und erhöht dadurch die Möglichkeiten für weiteren Konsum.

Die Lust am Kaufen kann sich bis zur Kaufsucht steigern. Kaufsüchtige suchen nicht den Besitz, sondern das euphorische Gefühl beim Einkaufen, den Kick. Shoppen wirkt dann wie eine Droge, die das Belohnungssystem im limbischen System unseres Gehirns beeinflusst. Vor allem die jüngeren KonsumentInnen nutzen inzwischen die Social Media als öffentliche Plattform, um sich und ihre in verschwenderischem Konsum erworbenen Beutestücke in selbstgedrehten Clips, den Haul Videos, zu inszenieren. Die Moderiesen haben hierin wiederum ein enormes Potential entdeckt und diese Form der Selbstdarstellung für eigene Werbezwecke vereinnahmt.

Bedeutet also Fast Fashion Demokratisierung der Mode? Ermöglicht der globale Mainstream der Fast Fashion tatsächlich ein Ausleben der Individualität? Wie kann es überhaupt sein, dass ein T-Shirt heute weniger kostet als ein Kaffee XL, ein Kleid so viel wie ein größerer Eisbecher, eine Hose so viel wie ein Kinoticket? Was sagt dies über die Qualität von Mode und Wertschätzung durch die KonsumentInnen aus? Ist Fast Fashion umwelt- geschweige denn sozialverträglich? Ist es in Ordnung, dass 90% unserer Kleidung in Billiglohnländern, überwiegend in Asien produziert werden? Und deshalb um die halbe Welt transportiert werden muss, bevor sie bei uns im Laden verkauft werden kann? Bei der Preiskalkulation eines Kleidungsstücks entfallen maximal ein bis zwei Prozent auf den Lohn für die TextilarbeiterInnen! Wer sind also die eigentlichen Fashion Victims?

Konsum ist heute nicht mehr eine Frage der Selbstverwirklichung, sondern eine Frage der Verantwortung. In diesem Sinne appelliert die Ausstellung Fast Fashion auch

an die KonsumentInnen: Nutzt Eure Macht und trefft die richtigen Kaufentscheidungen!

EN

Fashion is a social regulative of a very special kind, and is regarded as being the pacemaker of social change. It has always had close ties with modern capitalism, true to the motto: "Only wastefulness brings you prestige".

The Marxist cultural philosopher Eduard Fuchs already anticipated the interplay of unceasing changes of fashion and the capitalist profit motive with a clairvoyant eye at the beginning of the 20th century: "If changes of fashion were in the past the exclusive privilege of the wealthy, and the process of copying new fashions only operated at a very slow pace, the engine of modern capitalism, based as it is on mass production, must systematically strive towards a situation where not only restricted circles follow fashion, but to the greatest extent possible the whole of society. Capitalism must democratize the external workings of society, albeit not motivated by the political ideals of the middle classes, but precisely in the interests of generating value-added, of continually increasing profit margins." [1]

In the transition from a society based on the educated bourgeoisie to one based on consumption, an important function is taken, alongside product design, above all by fashion: it not only has the task of sending out aesthetic stimuli to attract attention; it is far more its function as a resonator for personal identity and the formulation of a lifestyle statement or a life script which is at stake. Conversely, the market economy and its strategic thinkers have the ambition to predict the behaviour of the men and women who are their consumers, indeed to plan it, in order to be able, at least on the surface of it, to steer and control the success of a brand.

In no other area of the consumer goods industry does the principle of creating new needs function as well as in fashion. Fast Fashion, a success story which has been surging upwards since the 1990s, has increased this "must have" motivation exponentially: within a fortnight the big fashion names, thanks to verticalization, manage to launch their new collections on the market. The price of clothing is dropping, and with it the quality. The market is narrowly defined and saturated. Despite this, they succeed, with the help of various marketing strategies, in continually encouraging the consumers to buy more and more. A particularly successful ploy is so-called "celebrity seeding": many lifestyle and glossy magazines present the exciting world of the stars and starlets. Fashion brands exploit this media attention for their own purposes by giving away their products free of charge, thus making the stars into walking advertisements. In turn, Fast Fashion transforms these "star outfits" into affordable variants which everyone can buy.

The policy of keeping prices low appeals to people's subconscious instincts and their yearning for happiness: it tries to give consumers the feeling that they are saving money when buying a garment, and therefore not really indulging themselves. Being able to decide for a relatively cheap offer gives people a bogus feeling of renunciation, in this way increasing the options for buying the next item.

The pleasure derived by purchases can intensify until it becomes an addiction. Shopping addicts are not seeking to possess things, it is the euphoric feeling, the kick they get when buying what interests them. Shopping works like a drug influencing the reward system in the limbic system of our brain. Mainly the younger consumers meanwhile use social media as a public platform, a stage on which to present themselves and the loot they bring back from their extravagant spending sprees in video clips they make themselves, so-called “haul videos”. The fashion giants, too, have recognized the enormous potential here and taken over this type of self-promotion for their own advertising purposes.

So does Fast Fashion mean the democratization of fashion? Does the global mainstream of Fast Fashion actually enable people to enhance their individuality? Why is it possible that today a T-shirt costs less than an XL coffee, a dress the same as a big ice-cream sundae or a pair of trousers the same as a cinema ticket? What does this tell about the quality of fashion and the value consumers place on it? Is Fast Fashion environmentally – let alone socially – acceptable? Is it O.K. that 90% of our clothes are produced in low-wage countries, mainly in Asia – and therefore have to be transported half-way around the globe before being offered in our shops? In the price calculation for a piece of clothing, a maximum of one to two percent is accounted for by the wages of the textile workers! So who are the real fashion victims?

Consumption is today no longer a question of self-fulfilment, but a question of responsibility. It is with this in mind that the exhibition Fast Fashion is also an appeal to consumers: use the power you have and make the right decisions about what to buy!

1 **EDUARD FUCHS** Ich bin der Herr, Dein Gott!, in/in: Silvia Boven (Hg.) Die Listen der Moden, Frankfurt/Main 1986, S./p. 173.

Die Slow Fashion Bewegung – oder alles auf Langsam

The Slow Fashion movement – or, whoa there, not so fast!

Miriam Wolf

DE

Slow Fashion steht für nachhaltige, bewusste und ethische Mode. Sie ist nicht nur einfach das Gegenteil von Fast Fashion, sie ist viel mehr als das. Slow Fashion ist ein Bewusstseinswandel, die zeitgemäße Reaktion auf die Produktion von Massenware, den unkontrollierten Konsum unserer heutigen Wegwerfgesellschaft und die katastrophalen Arbeitsbedingungen vieler TextilarbeiterInnen. Die bewusste Auseinandersetzung mit den Eigenschaften von Stoffen, die Gewährleistung von transparenter Rückverfolgbarkeit der Produkte und ein respekt- und verantwortungsvoller Umgang mit Mensch, Tier und Umwelt sind wichtiger denn je.

Es geht um Qualität und Individualität, um Wertschätzung und Umdenken. Slow Fashion gibt der Mode-Industrie eine neue Richtung vor. Denn sie bedeutet vor allem eins: Entschleunigung. Angefangen bei den ProduzentInnen, die nicht mehr von einem Modezyklus zum nächsten hetzen, um wie die großen Modeketten möglichst viele günstige Kleidungsstücke auf den Markt zu bringen, sondern ihre Kleidung unter fairen und ökologisch vertretbaren

Voraussetzungen herstellen. Über die DesignerInnen, die sich – neben dem Material und der Verarbeitung – mit dem Entwurf unter Berücksichtigung nachhaltiger Aspekte auseinandersetzen, um alles in zeitloserer, nach Kundenwunsch gestalteter oder auch multifunktionaler Mode zu vereinen, die qualitativ hochwertig und individuell ist; bis hin zu den KonsumentInnen, die weniger und bewusster kaufen und auch mal ein Kleidungsstück reparieren anstatt es direkt in den Müll zu werfen und durch ein neues, trendiges Teil zu ersetzen.

Die Slow Fashion-Bewegung ist kein Trend, sie entspricht dem Zeitgeist. Angelehnt an andere gesellschaftliche 'Langsam'-Bewegungen, wie zum Beispiel dem Slow Food-Konzept, werden die Produkte meist regional aus vorhandenen, nachhaltigen und innovativen Materialien hergestellt. Die Produktionskette ist kurz, die einzelnen Schritte von der Faser bis zur Verarbeitung sichtbar. Auch die Rückbesinnung auf handwerkliche Traditionen und die Nutzung von kleinen Manufakturen versprechen eine langlebige und strapazierbare Kleidung. Nicht Quantität, sondern Qualität und Beständigkeit sind das Ziel und somit ein schonenderer Umgang mit den Ressourcen. Grüne Mode ist zwar meist teurer, weil sie in kleineren Mengen produziert wird und der Preis dem wahren Herstellungswert entspricht, sie ist aber gleichzeitig hochwertig und von individueller Ästhetik. Stücke aus Materialien wie Lachsleder, Algenfasern oder gewaltfreier Seide sind nicht selten auf den stetig wachsenden Eco-Messen im Rahmen der internationalen Fashion-Weeks zu finden.

Zur Slow Fashion zählt nicht nur Kleidung, die aus biologischen und recycelten Materialien hergestellt ist, sondern auch Vintage und Used-Look Mode. Im Internet finden sich inzwischen zahlreiche neue Kleidertausch- und

Secondhandplattformen, die sogar Designer-Mode zur Miete anbieten. Bereiche wie Do-it-yourself, Recycling, Upcycling, Zero Waste und Cradle to Cradle gehören ebenfalls dazu.

Neue Fasern, innovative Technologien und individuelle Designansätze: Es gibt viele ethisch vertretbare Alternativen des Modekonsums. Der Aufbau von vertrauensvollen und andauernden Beziehungen für eine enge Zusammenarbeit, die Schaffung fairer Arbeitsbedingungen, der respektvolle Umgang mit Mensch und Natur oder die ökologische, soziale und kulturelle Vielfalt sind nur einige Aspekte des nachhaltigen Modekonzepts. Eines jedoch ist allen gemeinsam: der Beitrag zu einer nachhaltigeren Gesellschaft.

EN

Slow Fashion stands for sustainable, aware and ethical fashion. It is not just simply the opposite of Fast Fashion, it is much more than that. Slow Fashion is a change in people's way of thinking, the appropriate contemporary reaction to goods produced for the mass market, the uncontrolled consumption in today's throwaway society and the catastrophic conditions under which many textile workers must work. Deliberately thinking about the characteristics of materials, about guaranteeing that the origins of products can be transparently traced back and respectful and responsible treatment of humans, animals and the environment are more vital than ever.

The issues here are quality and individuality, what we value and how we can change our way of thinking. Slow Fashion shows a new way forward for the fashion industry. Because it means first and foremost one thing: taking our foot off the accelerator. It starts with the producers, who no longer rush from one fashion cycle to the next in order, like the big fashion chains, to put as many low-price garments on the market as possible, but who produce their clothes at fair and ecologically justifiable conditions. Then come the designers, who – besides material processing – incorporate sustainability factors into their designs thus combining these aspects in fashion which is timeless, customized or also multifunctional, and which is of high quality and individual; down to the consumers, who buy less and more consciously, and perhaps also mend a garment instead of throwing it in the waste bin and buying a new trendy outfit.

The Slow Fashion movement is not a trend, it is in sync with the zeitgeist. In analogy with other social "slow" movements such as the Slow Food concept, the products are mostly locally sourced from existing, sustainable and innovative materials. The production chain is short, the individual steps from the fibre to processing it remain visible. The revival of older craft traditions and the use of small manufacturies promise garments which are long-lived and durable. The goal is not quantity, but quality and resilience, and thus a more careful use of resources. Green fashion is mostly more expensive, because it is made in smaller production runs and the price corresponds to the real manufacturing value, but at the same time it is of very high quality and has its own individual aesthetic charm. It is not unusual to find garments made of materials such as salmon leather, seaweed fibre or non-violent silk on the ever-growing eco-trade fairs held during the international fashion weeks.

But it is not only garments made of biological and recycled materials which belong to Slow Fashion, but also vintage and used-look fashion. There are meanwhile many new clothing exchanges and second-hand platforms on the Internet, which even offer designer clothes for hire.

Areas such as DIY, recycling, upcycling, zero waste and cradle to cradle are also part of this.

New fibres, innovative technologies and individual design approaches: there are many ethically acceptable alternatives to the unbridled consumption of fashion. The development of trustful and long-term relationships for close collaboration, the creation of fair working conditions, respectful treatment of people and nature or ecological, social and cultural diversity are only a few waspects of the sustainable fashion concept. But they all have one thing in common: they make a contribution to a more sustainable society.

Ausstellung
Exhibition

Das Zeigen von Kleidung
Showing clothing

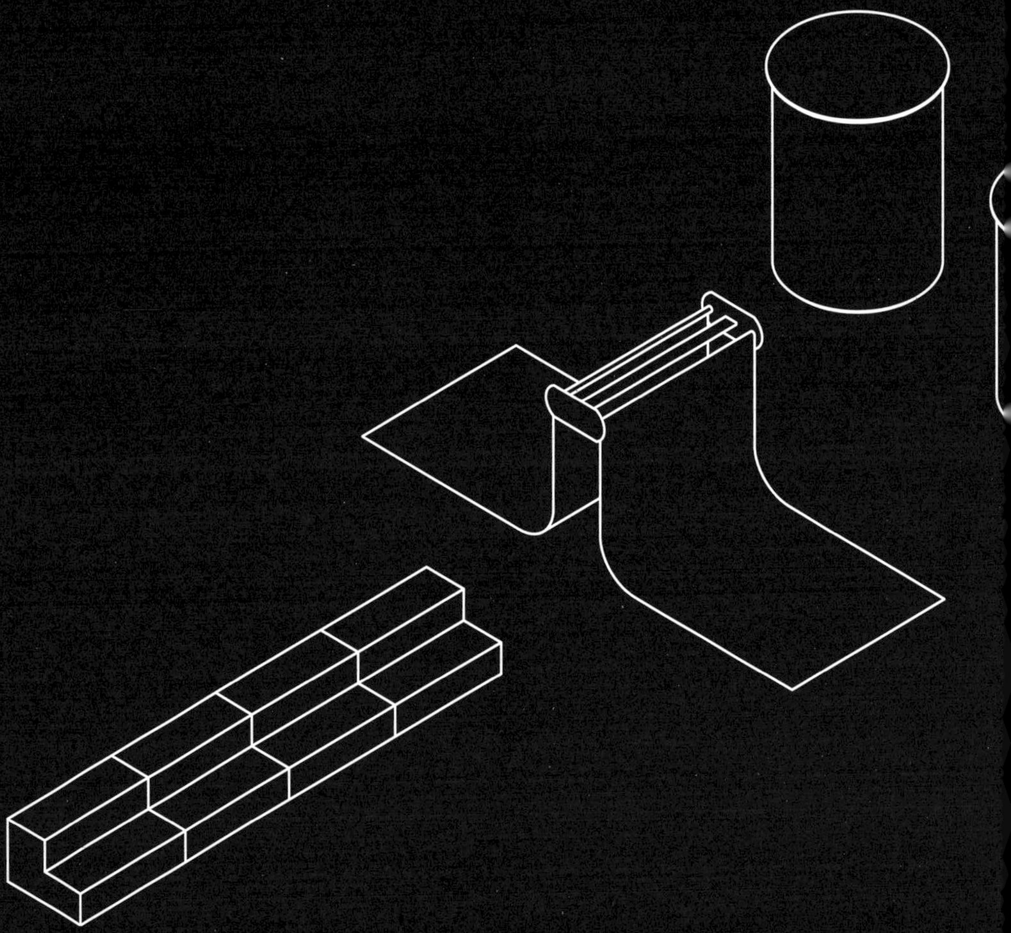

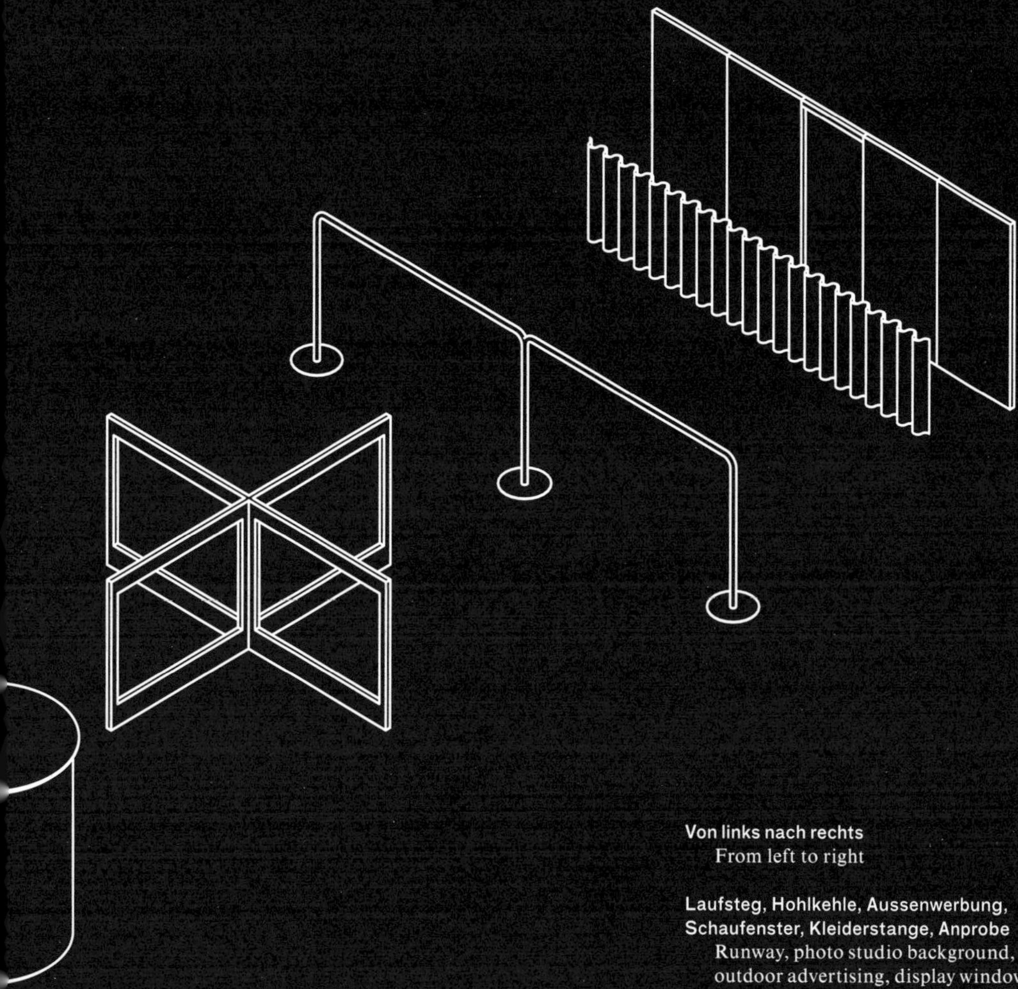

Von links nach rechts
From left to right

Laufsteg, Hohlkehle, Aussenwerbung, Schaufenster, Kleiderstange, Anprobe
Runway, photo studio background, outdoor advertising, display window, clothes rail, fitting room

Konzept
Concept

Studio Experimentelles Design, Hochschule für Bildende Künste Hamburg (Prof. Jesko Fezer, Claire Helen Ehrhardt, Fynn-Morten Heyer, Alexander Joly, Nils Reinke-Dieker, Larissa Starke, Friederike Wolf)

Ausstellungsgestaltung
Exhibition design

Kooperative für Darstellungspolitik (Jesko Fezer, Anita Kaspar, Andreas Müller, Mitarbeit: Fynn-Morten Heyer)

Die textile Kette
The textile chain

1. **Herstellung von Chemiefasern**
   Harvesting natural fibres and manufacturing chemical fibres

2. **Faseraufbereitung & Garnherstellung**
   Fibre processing and production of yarn

3. **Textilherstellung**
   Textile manufacture

4. **Textilveredelung**
   Textile finishing

5. **Konfektionierung**
   Assembly and packing

6. **Handel & Vertrieb**
   Trade & marketing/sales

7. **Gebrauch & Pflege**
   Use & care

8. **Entsorgung, Recycling, Wiederverwendung**
   Waste disposal, re-use, recycling

Mode und Konsum
Fashion and consumption

Claudia
Banz

DE

Mode gilt als Konsumverstärker par excellence. In keiner anderen Konsumgüterbranche hängt der Warenumsatz weniger vom Verschleiß als vom modischen Wandel ab. Denn die beständige Vergänglichkeit der Mode gehört zu ihren wesentlichen Eigenschaften. Durch ihre saisonale Abhängigkeit erreichen die Modezyklen im Vergleich zu anderen Warenzyklen eine Geschwindigkeit, die durch die Fast Fashion mit bis zu 12 Kollektionen pro Jahr noch gesteigert wird. Häufig wechselnde Angebote und vermeintlich neue Trends locken die Käufer pro Jahr durchschnittlich bis zu 20 Mal und mehr in die Läden.

Wenn Kleider die Fabrik verlassen, sind es zunächst Textilien. Erst das Marketing und die Werbung machen aus ihnen Mode. Im glamourösen Dunst der Modewelt mit ihren Laufstegen, Models und Starphantasien mutieren Kleider zu Attraktivität verheißenden ‚Silhouetten' und saisonalen ‚must haves'.

Die Modeindustrie ist größtenteils produktgesteuert. Dies bedeutet, dass die Modedesigner und-produzenten dem Konsumenten jede Saison aufs Neue aufzeigen, für welche Kleidung er sich entscheiden soll. Der Konsument selbst startet meistens mit einer Carte Blanche in den

Einkauf. Im Unterschied zu anderen Bereichen wie etwa Haushaltswaren, sind die Kaufentscheidungen im Modebereich aufgrund der großen Bandbreite von Möglichkeiten von hoher Impulsivität geprägt. Sie fallen häufig in letzter Minute. Daher spielt das sogenannte point of sale-Marketing im Laden eine besondere Rolle. Gleichzeitig macht die Unsicherheit im Selektionsprozess es für die Modefirmen schwierig, mit Sicherheit zu planen, wie die Kunden reagieren werden.

Grundsätzlich sind die Konsumenten heute in ihrem Kaufverhalten hybride geworden. Auf die Mode bezogen bedeutet dies: Sie mixen Labels und Brands quer durch die Hierarchie der Mode von high end fashion über Konfektionsware im mittleren Preissegment und Fast Fashion bis hin zu Kleidung aus dem Discounter.

EN

Fashion boosts consumption like nothing else. There is no other segment of consumer goods in which the turnover of goods depends less on wear and tear and more on fickle changes in taste, since constant transience is one of the essential characteristics of fashion. Because of their dependence on seasons, fashion cycles outpace other goods cycles, and this speed is further exacerbated by 'fast fashion', which can feature up to 12 collections per year. Frequently changing product ranges and supposedly new trends lure consumers into shops 20 times or more per year on average.

When clothes leave the factory, they are initially just textiles. It is only marketing and advertising that turn them into fashion. In the glamorous haze of the fashion world with its runways, models and star dreams, clothes mutate into 'silhouettes' promising to raise our attractiveness, and seasonal 'must haves'.

The fashion industry is largely product-driven, meaning that for every season, fashion designers and manufacturers must tell consumers yet again which clothes they should select. Consumers themselves usually begin their shopping expedition with a blank slate. In contrast to other sectors, for example household goods, purchasing decisions in the fashion segment are highly impulse-driven due to the wide range of purchasing options. Such decisions are often made last minute and therefore point-of-sale (POS) marketing within stores plays a prominent role. At the same time, this unpredictability in the consumer's selection process makes it difficult for fashion companies to plan with any certainty how their customers will react.

In general, consumers today have adopted hybrid buying behaviours. Regarding fashion, this means that they mix labels and brands across the fashion hierarchy – from high-end fashion, through ready-to-wear in the middle price segment and fast fashion, to discounter apparel.

(A) Werteverfall: Bekleidung günstig wie nie!

(A) The decline in value(s):
clothing has never been so cheap!

(C) Die Folge: Wir kaufen mehr Kleidung, als wir tatsächlich benötigen!

(C) Conclusion: we buy more
clothes than we actually need!

(B) Die Konsumausgaben für Bekleidung in Deutschland sinken

(B) The amount consumers spend on clothes in Germany is decreasing

Bruttoeinkommen
Income before tax

3.989,00 €

2.310,00 €

Konsumausgaben
Amounts spent on consumption

4,6 %	**Bekleidung, Schuhe**	Clothing, shoes
10,6 %	**Freizeit, Kultur, Unterhaltung**	Leisure, culture, entertainment
13,9 %	**Nahrungsmittel, Getränke, Tabakwaren**	Food, beverages, tobacco products
14,2 %	**Beförderung**	Transport
22,3 %	**Sonstige**	Other
34,5 %	**Wohnen, Energie, Wohnungsinstandhaltung**	Accomodation, energy, maintenance / repair

106,00 €

Bekleidung, Schuhe
Clothing, shoes

22,00 €	**Herrenbekleidung**	Men's clothes
44,00 €	**Damenkleidung**	Women's clothes
7,00 €	**Schuhe**	Shoes
21,00 €	**Klinderkleidung**	Children's clothes
13,00 €	**Sonstige**	Other

Quelle: Statistisches Bundesamt

Neukauf von Bekleidung und deren Entsorgung pro Kopf / Jahr

New clothes bought and thrown away per person / year

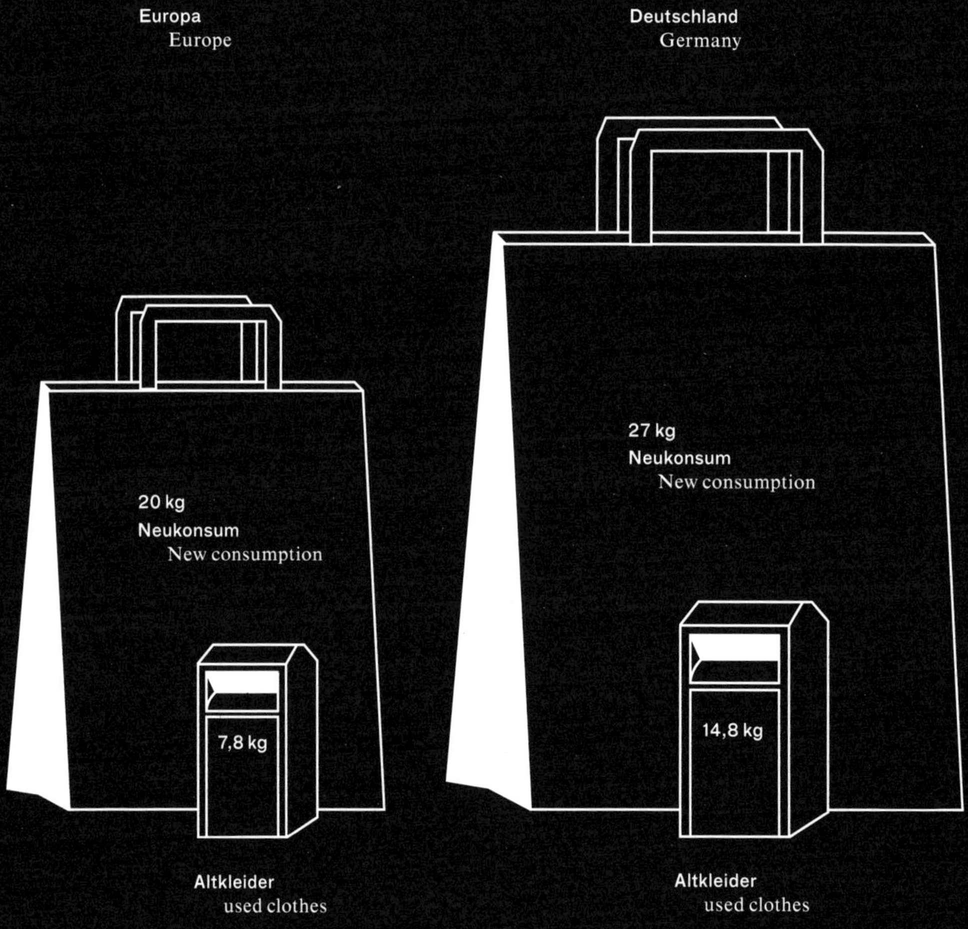

Zusammensetzung und Verwertungsmöglichkeiten der Altkleider aus Deutschland

Breakdown of used clothes from Germany and reutilization options

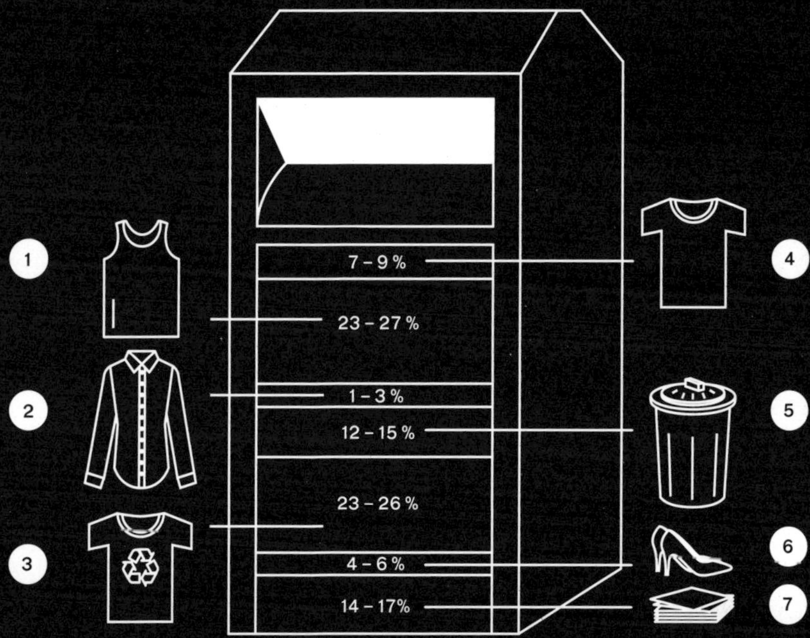

1 **Bekleidung / Wäsche Qualität II/III**
Clothing/ linens quality II,III

2 **Bekleidung / Wäsche Premium Qualität**
Clothing/ linens premium quality

3 **Recyclingprodukte**
Recycling products

4 **Bekleidung / Wäsche Qualität I**
Clothing/ linens quality I

5 **Abfall zur Entsorgung**
For disposal as waste

6 **Schuhe**
Shoes

7 **Putzlappen**
Cleaning rags

Quelle: Dachverband Fairwertung e.V.

Die Reise einer gebrauchten Bluse
The journey of a cast-off blouse

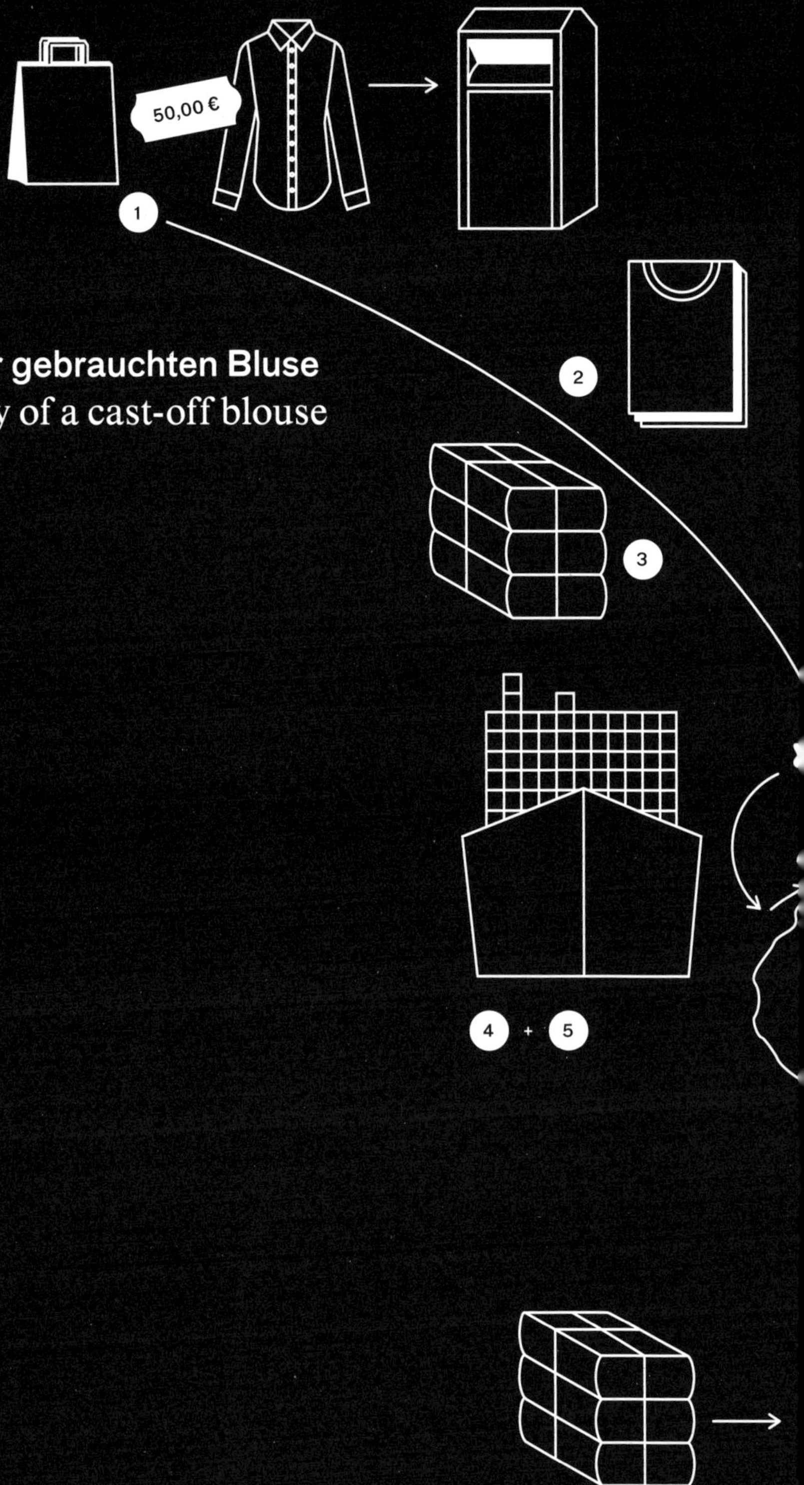

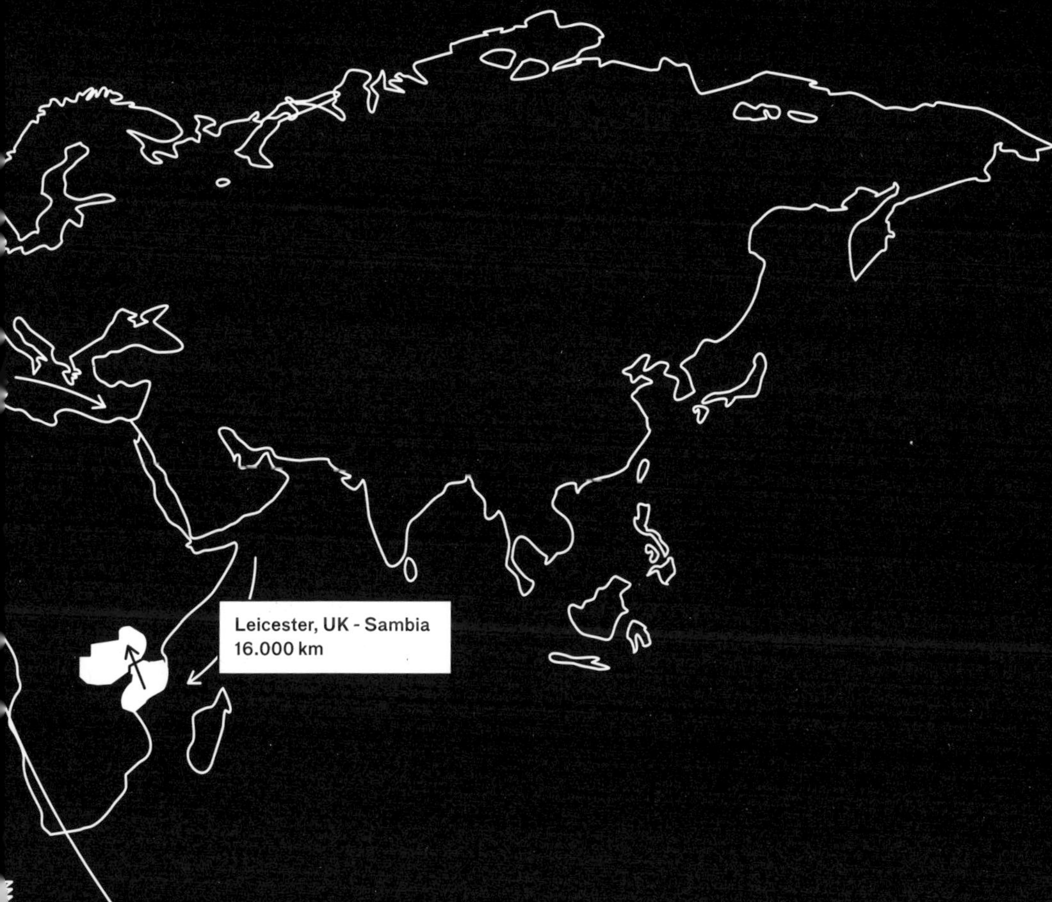
Leicester, UK - Sambia
16.000 km
6
2,00 €
7

Die Bedürfnispyramide nach Maslow

The hierarchy of needs according to Maslow

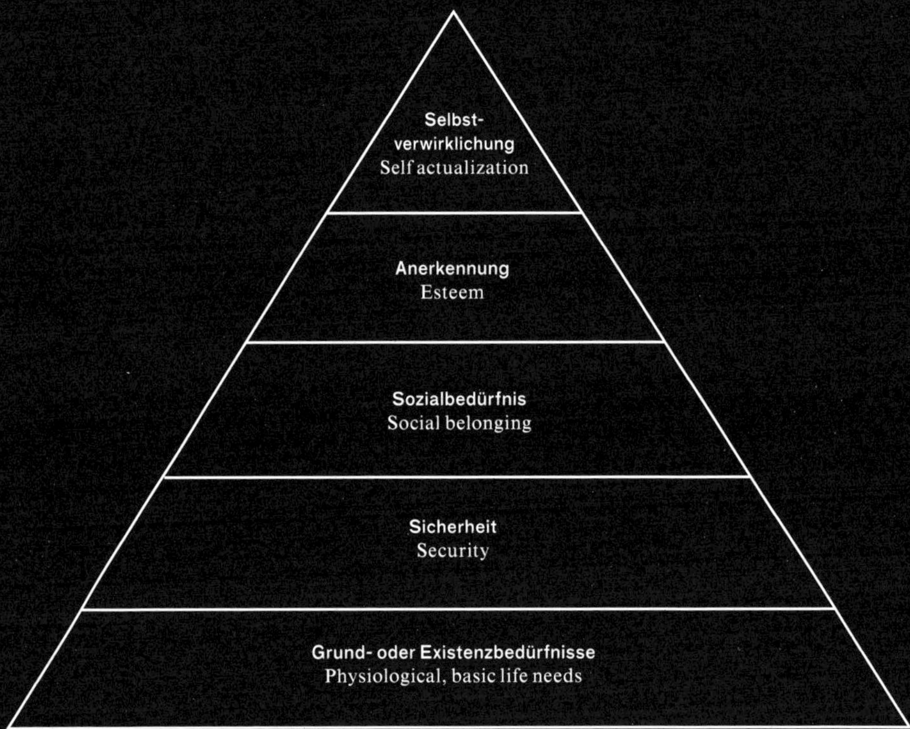

Ökonomie und Bekleidung
Economics and clothing

Claudia
Banz

DE

Die Textil- und Bekleidungsindustrie ist historisch eng mit der industriellen Revolution vor über 200 Jahren verbunden und zugleich ein Paradebeispiel für die Globalisierung im 20. Jahrhundert. Wie kaum ein anderer Industriezweig spiegelt sie die weltweite Vernetzung sowohl auf der wirtschaftlichen Ebene als auch im individuellen Alltag wider.

Die Erfindung und Marktreife der Chemiefasern sowie die Entwicklung spezieller Herstellungs- und Veredelungsverfahren liefern seit den 1950er Jahren die Voraussetzung für die Massenproduktion von Bekleidung. Steigender Bedarf und Konsum führen zu einem Boom der Bekleidungsindustrie in der westlichen Welt. Mit wachsenden Löhnen und deren Folgekosten beginnt die Auslagerung der arbeitsintensiven Bekleidungsproduktion, die bis heute zu großen Teilen durch handwerkliche Arbeit erledigt werden muss, in die Billiglohnländer.

Die Bekleidungsindustrie ist eine Pionierindustrie, da sie Ungelernten den Zugang zu Arbeit und Lohn ermöglicht und dadurch die weitere wirtschaftliche Entwicklung der armen Länder ankurbelt. Für die Produktion von Bekleidung wird keine komplizierte und teure Technik benötigt, was die

Investitionen niedrig hält. Wichtigstes Kapital sind billige Arbeitskräfte.

Die weltweite Arbeitsteilung führt zu einem internationalen Wettbewerb bei Produktion, Handel und Verkauf von Bekleidung. Von 1974 bis 2004 regelt das Multifaserabkommen, auch Welttextilabkommen genannt, durch Quotenregelungen die Bekleidungsimporte aus den aufstrebenden Entwicklungsländern zugunsten der Industrienationen.

Während die Entwicklungsländer ihre Anteile am globalen Bekleidungsmarkt stetig steigern können, sind sie in den Industrienationen rückläufig. Immer mehr Ländern gelingt es, westliche Qualitätsstandards zu erreichen und eine eigene konkurrenzfähige Textil- und Bekleidungsindustrie aufzubauen. Zusätzlich richten sie freie Exportzonen ein, um ausländische Investoren mit niedrigen Löhnen und Steuerbefreiung zu locken. Umwelt- und Sozialstandards spielen dabei eine untergeordnete Rolle.

EN

The textile and clothing industry has strong historic ties with the industrial revolution which took place over 200 years ago. At the same time it is a prime example of globalisation in the 20th century. More than almost any other industrial sector, it reflects global networking both at an economic level and in everyday life.

The invention and commercial readiness of synthetic fibres as well as the development of special production and finishing processes have made the mass-production of clothing possible since the 1950s. Growing demand and consumption led to a boom in the clothing industry in western countries. Rising wages and their consequential costs heralded the outsourcing of labour-intensive clothing production, which still largely needs to be completed by hand, to low-wage countries.

The clothing industry is a pioneering sector, as it allows unskilled workers access to work and wages, in doing so helping to promote the further economic development of poor countries. The production of textiles does not require complex, expensive technology and this keeps the need for capital investment low. The most important capital is cheap manual labour.

The global division of labour is leading to an international competition to produce, trade and sell clothing. From 1974 to 2004 the Multi Fibre Arrangement (MFA), also known as the 'global textile arrangement', governed the world trade in textiles and garments in favour of the industrial nations by imposing quotas on the amount that developing countries could export to them.

While developing countries are constantly increasing their share of the global clothing market, industrial countries are seeing a constant decline. An increasing number of countries manage to achieve western quality standards and establish their own competitive textile and clothing industry. In addition, they are creating free export zones to attract foreign investors through low wages and exemption from taxes – with environmental and social standards playing a subordinate role.

Die Reise einer Jeans

The journey of a pair of jeans

Die Stationen einer Jeans –
40.000 Kilometer um die Welt

The stopovers of a pair of jeans –
40,000 kilometres around the world

1. **Niederlande / Design**
   Netherlands / Design
2. **Usbekistan / Baumwollanbau**
   Uzbekistan / Cotton growing
3. **Indien / Spinnen, Weben**
   India / Spinning, weaving
4. **China, Indonesien / Färben**
   China, Indonesia / Dyeing
5. **Bangladesch / Nähen**
   Bangladesh / Sewing
6. **Türkei / Sandstrahlen**
   Turkey / Finishing e.g. sandblasting
7. **Deutschland / Verkauf**
   Germany / Sale
8. **Sambia / Altkleiderentsorgung**
   Zambia/ Disposal as used clothing

Die Hauptexport- und Importländer von Bekleidung (2013)

The major exporting and importing countries of clothing (2013)

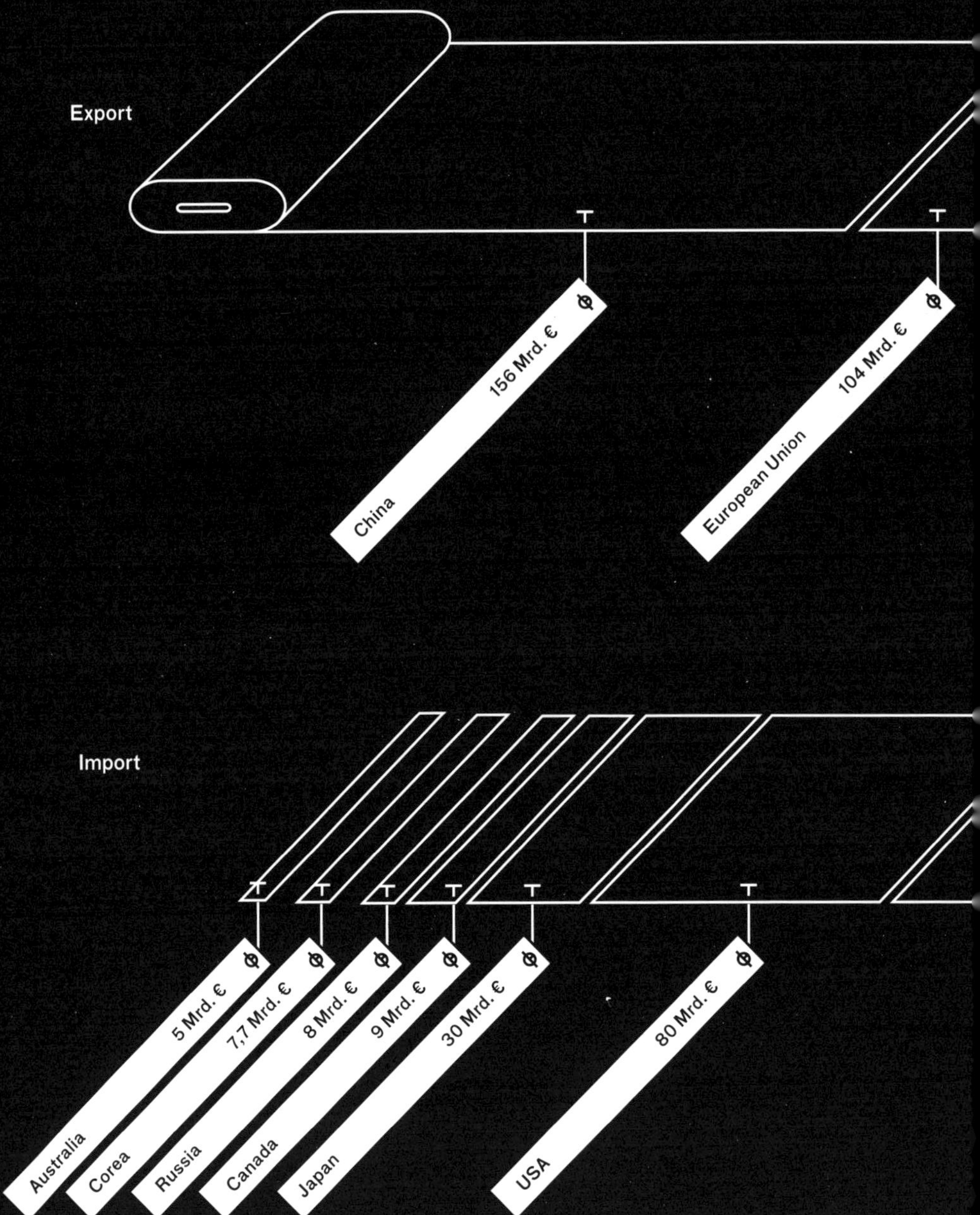

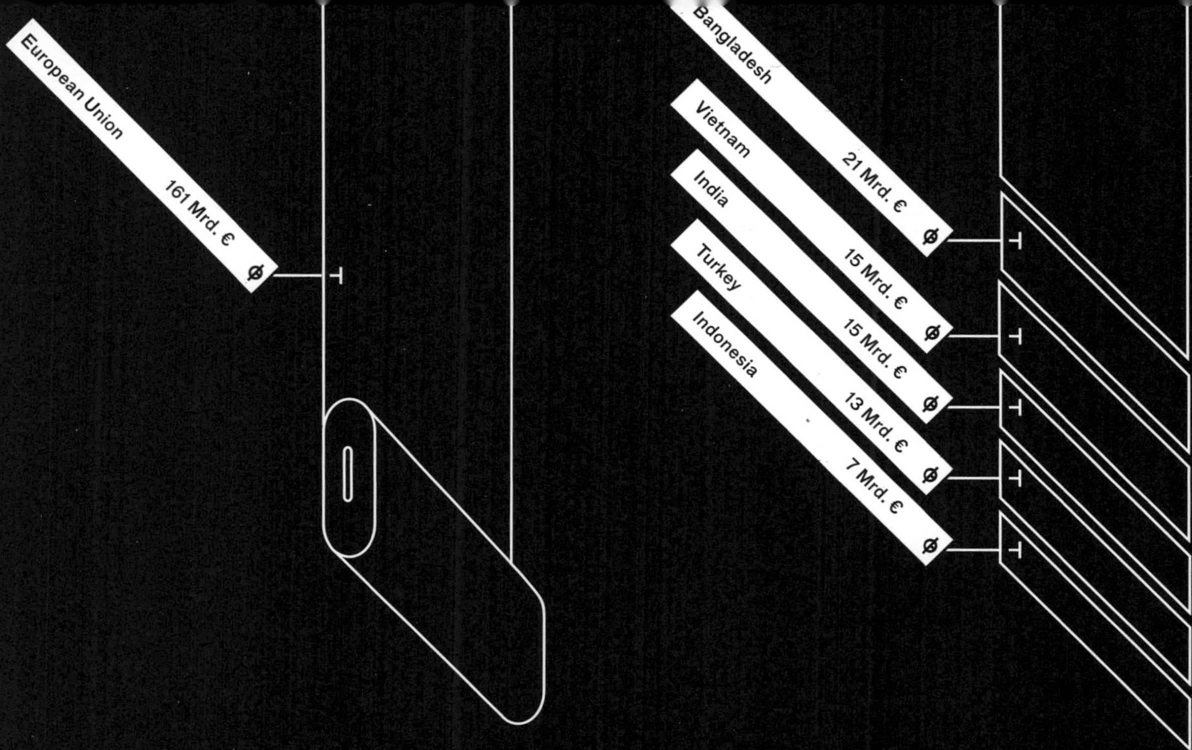
European Union
161 Mrd. €
Bangladesh
21 Mrd. €
Vietnam
15 Mrd. €
India
15 Mrd. €
Turkey
13 Mrd. €
Indonesia
7 Mrd. €

Quelle: WTO

Die weltweite Baumwollerzeugung und -verarbeitung

Global cotton production and processing

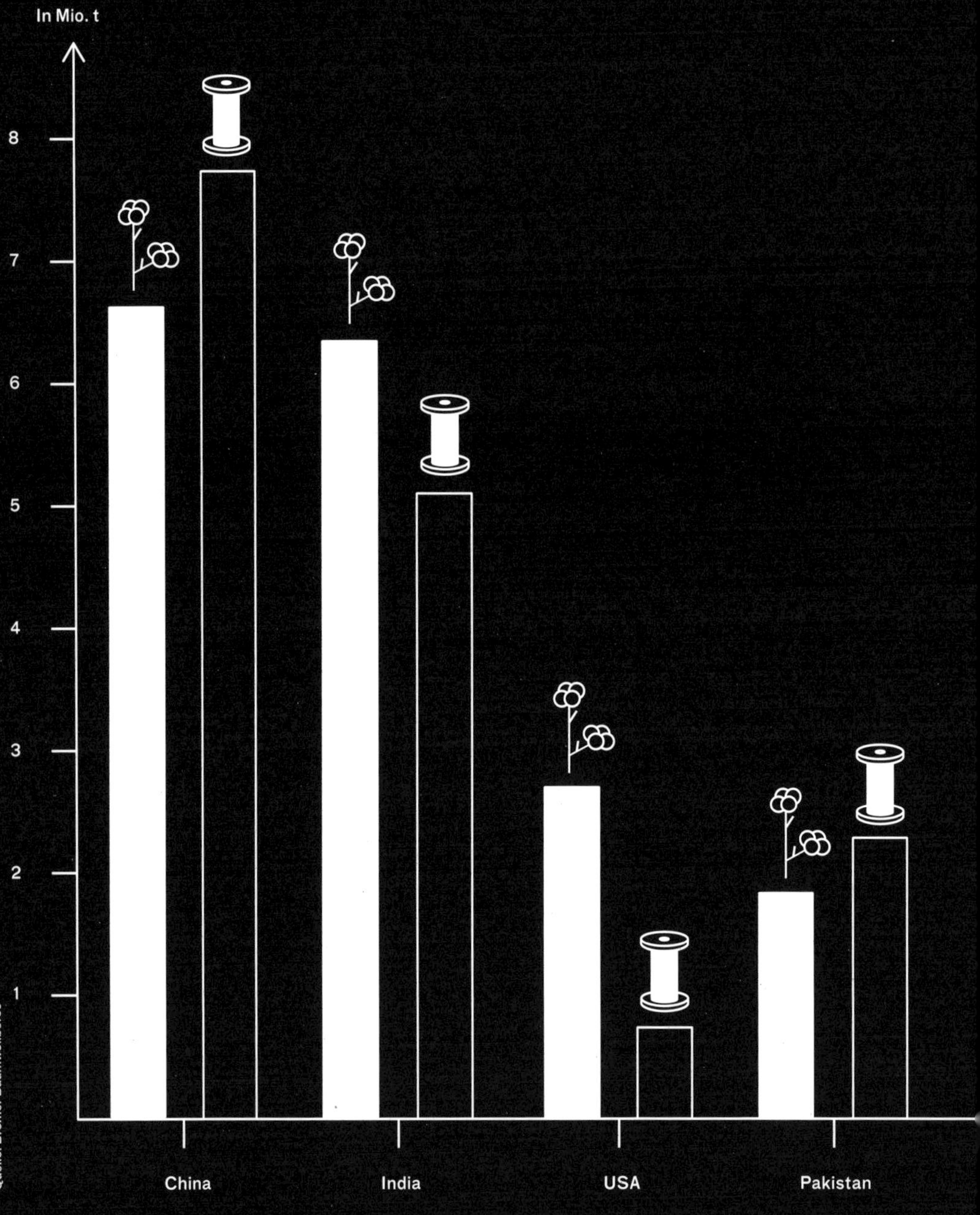

Quelle: Bremer Baumwollbörse

Baumwollerzeugung
Cotton production

Baumwollverarbeitung
Cotton processing

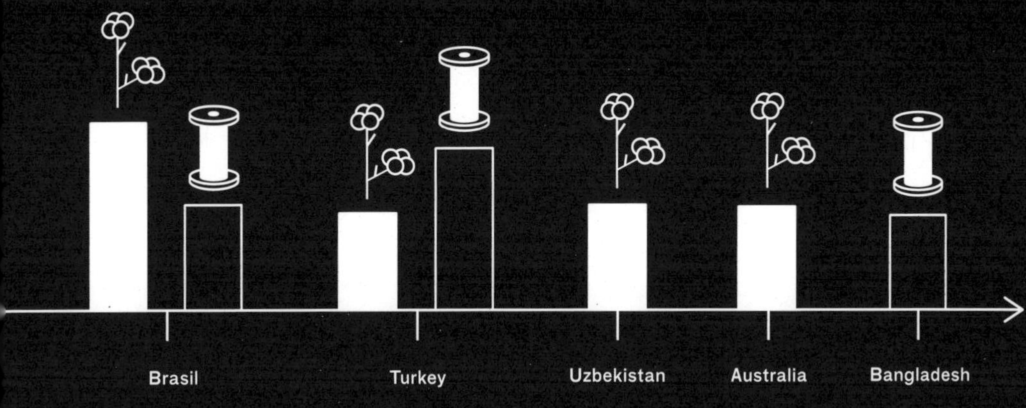

Der weltweite Baumwollexport und -import
Global cotton exports and imports

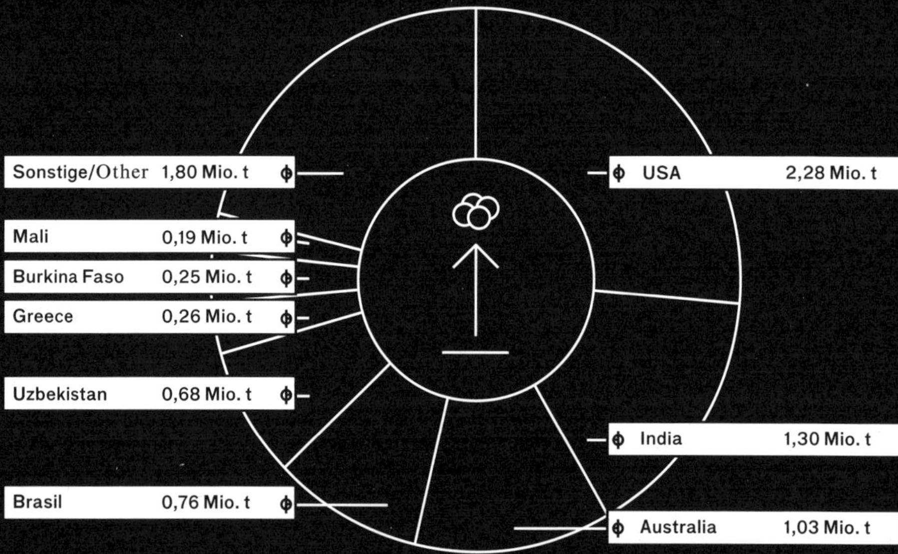

Export
8,574 Mio. t

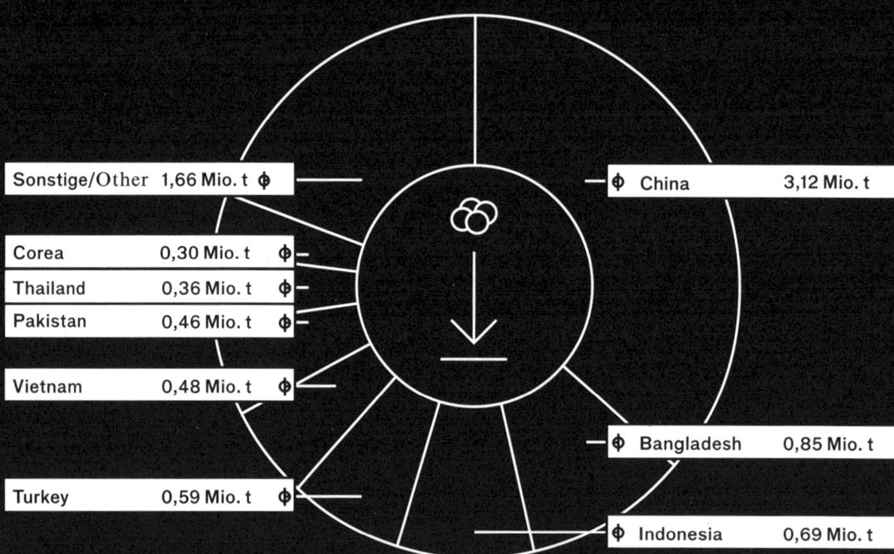

Import
8,574 Mio. t

Quelle: Bremer Baumwollbörse

Wie wird der Asia Floor Wage berechnet?
How is the Asia Floor Wage calculated?

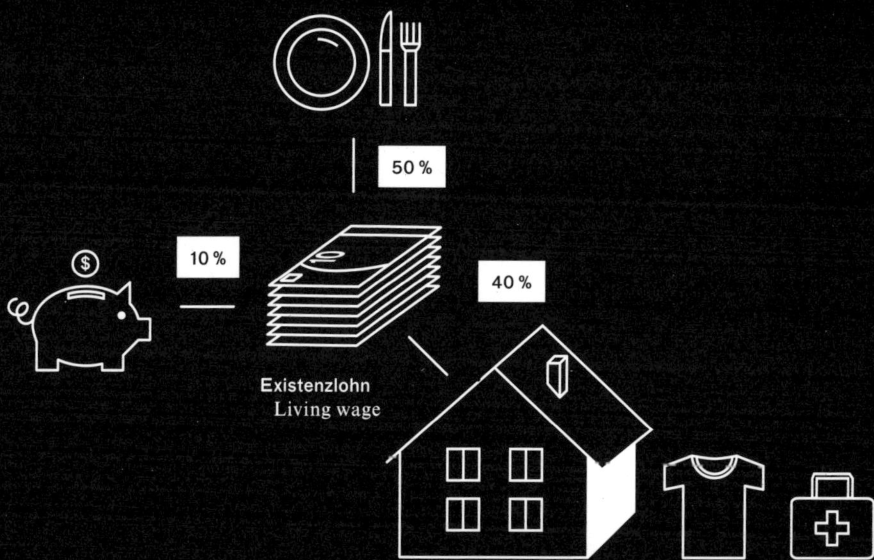

Quelle: Clean Clothes Campaign (CCC)

Der gesetzliche Mindestlohn in Asien & Osteuropa liegt weit unter einem Existenzlohn

The statutory minimum wage in Asia and Eastern Europe is much lower than a living wage

Osteuropa
Eastern Europe

Mindestlohn in €
Minimum wage in €

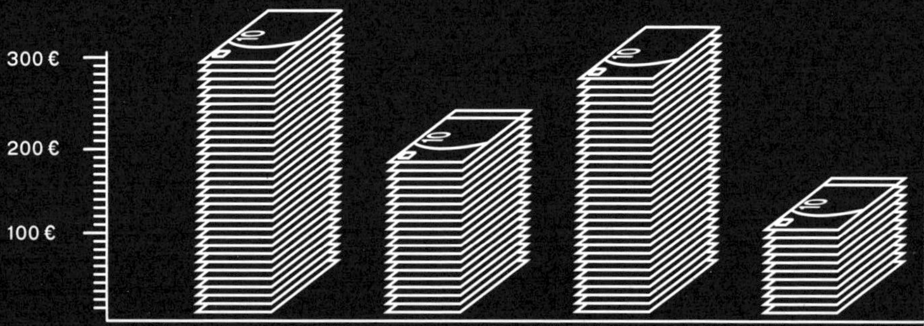

Mindestlohn in % im Verhältnis zum Existenzlohn
Minimum wage in % in relation to the living wage

Croatia	Bosnia-Herzegovina	Slovakia	Macedonia
36 %	25 %	21 %	14 %

Asien
Asia

Mindestlohn in €
Minimum wage in €

Mindestlohn in % im Verhältnis zum Existenzlohn
Minimum wage in % in relation to the living wage

India	Bangladesh	China	Cambodia
26 %	19 %	46 %	21 %

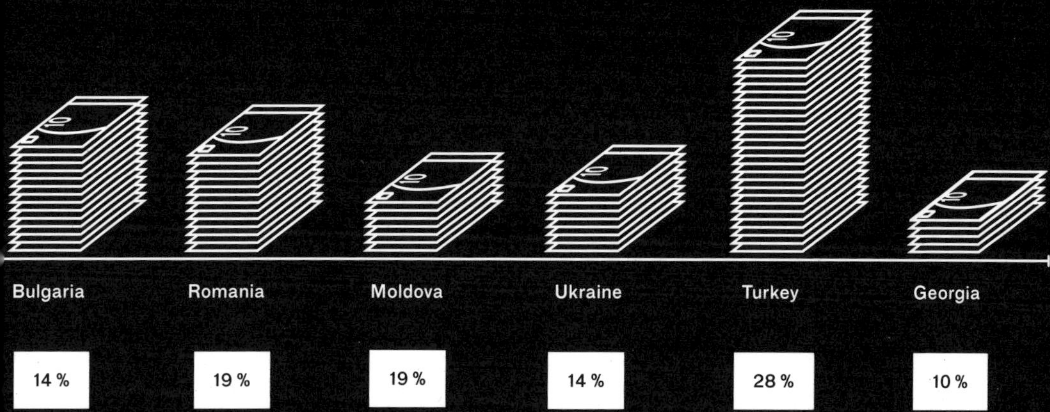

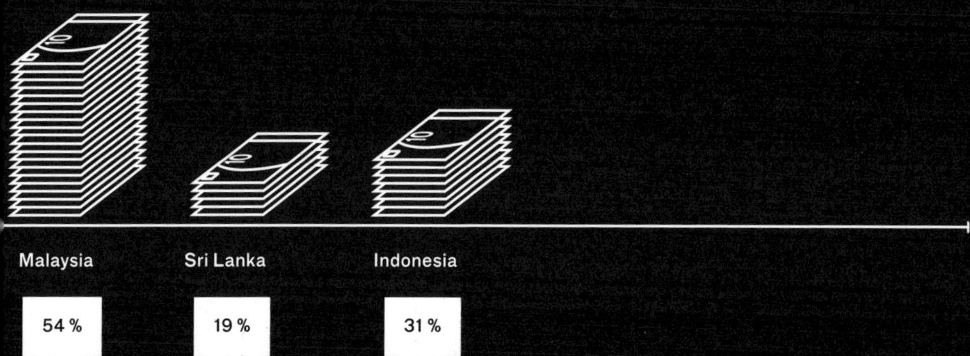

Quelle: Clean Clothes Campaign (CCC)

Die Preiszusammensetzung eines T-Shirts

What elements make up the price of a T-shirt

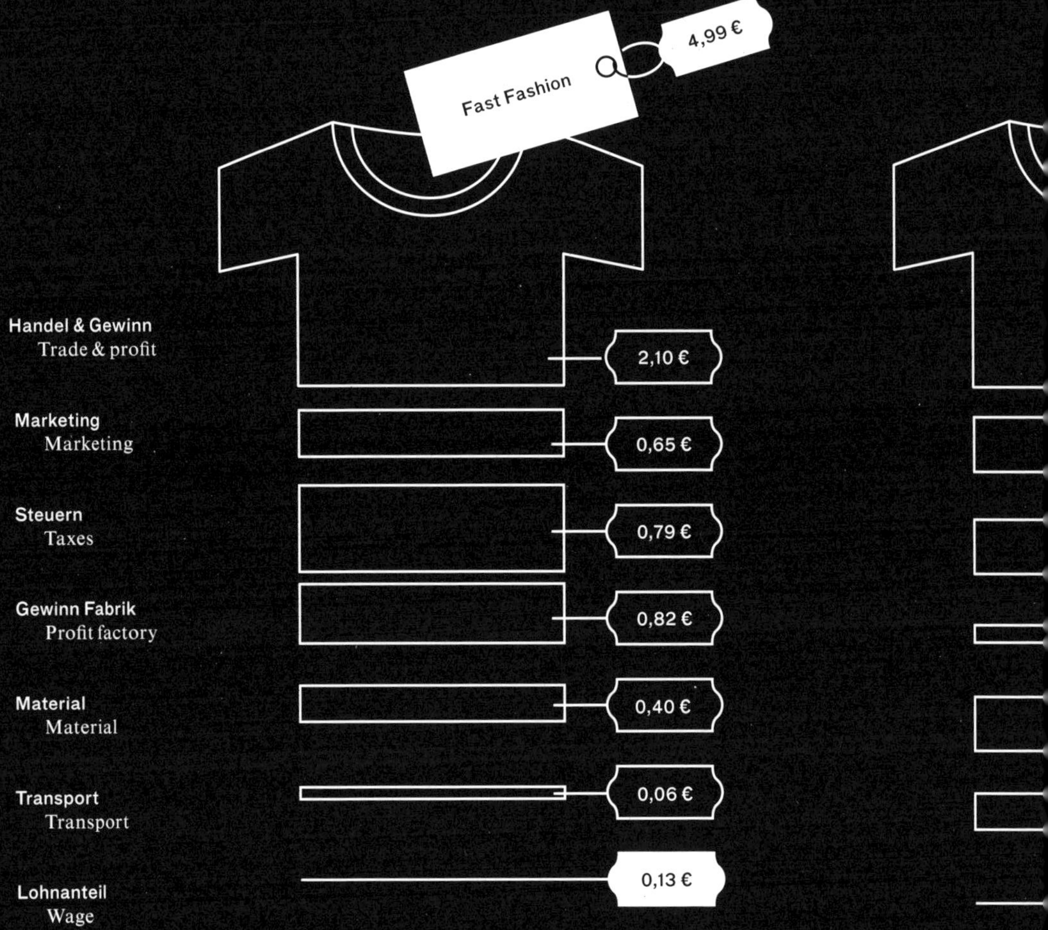

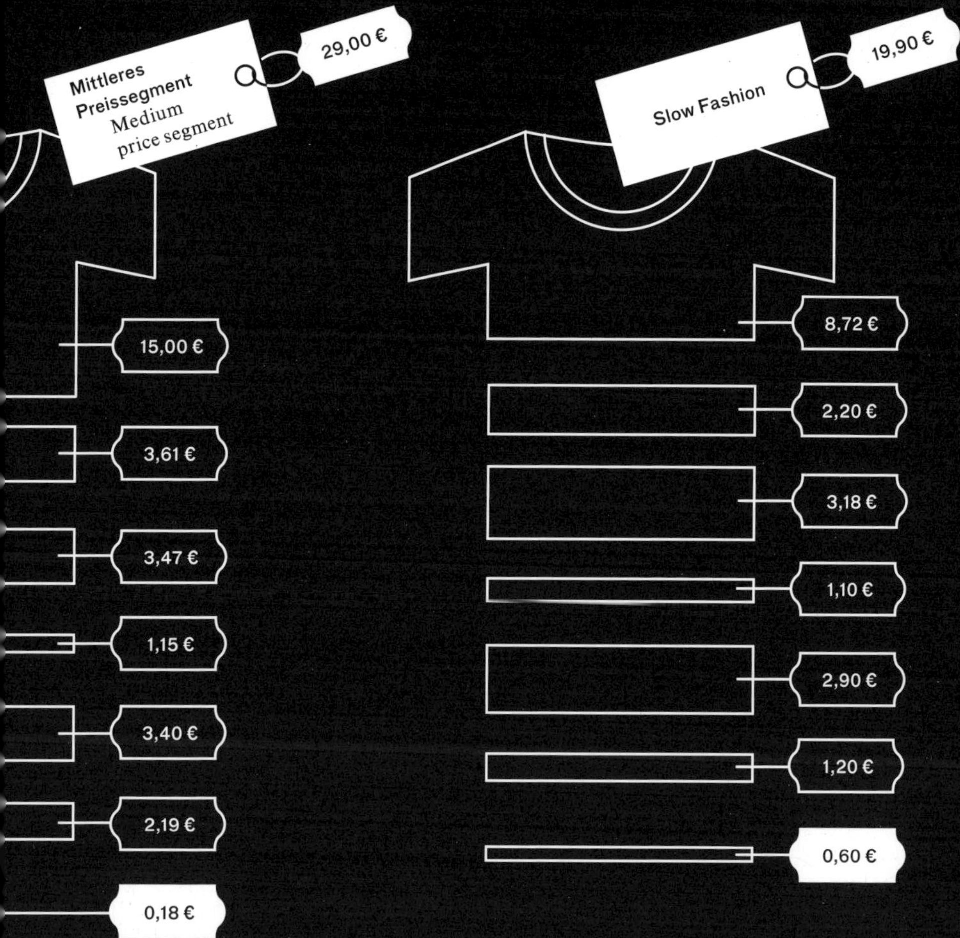
Mittleres
Preissegment
Medium
price segment
29,00 €
15,00 €
3,61 €
3,47 €
1,15 €
3,40 €
2,19 €
0,18 €
Slow Fashion
19,90 €
8,72 €
2,20 €
3,18 €
1,10 €
2,90 €
1,20 €
0,60 €

Ökologie und Bekleidung
Clothing and the environment

Sabine
Franke

DE

Bekleidung beeinflusst die Beziehung zwischen dem Menschen und seiner Umwelt entlang der gesamten textilen Kette, von der Produktion über den Gebrauch bis hin zur Entsorgung. Bereits in der Herstellung haben Arbeitssicherheit, Material-, Wasser- und Energieverbrauch, Staub- und Lärmentwicklung sowie Abwasser- und Abfallbehandlung einen Einfluss auf die Textilarbeiter und die Umwelt. Die Phase der Textilveredlung ist als besonders kritisch zu betrachten. Sie verbraucht große Mengen nicht erneuerbarer Ressourcen, zudem stehen die Textilarbeiter aufgrund unzureichender Schutzmaßnahmen in direktem Hautkontakt mit toxischen Farb-, Hilfs- und Ausrüstungschemikalien.

Bekleidung gehört neben Nahrungsmitteln und Körperpflegeprodukten zu den Konsumgütern, die dem Verbraucher am nächsten sind. Sie werden direkt auf der Haut getragen und der Konsument kommt unmittelbar mit ihnen in Berührung. Chemische Inhaltsstoffe, die der Kleidungen bestimmte Gebrauchseigenschaften verleihen, beeinflussen darüber hinaus direkt die Gesundheit und das Wohlbefinden des Menschen. So lassen sich ca. 4.000 der in deutschen Hautkliniken pro Jahr registrierten Fälle von Kontaktallergien auf Bekleidung zurückführen. Ferner belasten Reinigung, Pflege und Entsorgen der Bekleidung die Umwelt.

All diese Faktoren führen dazu, dass die Bekleidungsbranche zu den Industriezweigen gehört, die die höchste Luft- und Abwasserverschmutzung verursachen. Die Produzenten orientieren sich hierbei jedoch erheblich an den Forderungen der Konsumenten und ihrem steigenden Bedürfnis nach Bekleidung, die besondere Gebrauchseigenschaften aufweist und zudem preiswert ist.

EN

Clothing influences the relationship between people and their environment along the whole textile chain – from their production, through their wearable life and right through to their disposal. Already during garment manufacture, occupational safety, the consumption of material, water and energy, dust and noise emissions as well as the treatment of sewage and waste has an impact on textile workers and the environment. The textile-processing phase is considered especially critical: it consumes large quantities of non-renewable resources, and with insufficient protective measures in place it also puts textile workers into direct skin-contact with toxic chemicals used in dyeing, auxiliary and finishing processes.

Along with food and personal hygiene products, clothing belongs to the group of consumer goods that come closest to the consumer: it is worn directly on the skin and has immediate contact with the wearer. Chemical ingredients that give the garments certain characteristics when they are worn also have a direct influence on people's health and well-being. Consequently around 4,000 cases registered at German skin clinics every year can be traced to contact allergies triggered by clothing. Furthermore, the cleaning, care and final disposal of clothing places an additional burden on the environment.

All these factors put the clothing industry among those industries that cause the greatest pollution of our air and waste water. Yet in this respect, manufacturers are mainly influenced by the needs of consumers and their growing demand for clothing with special characteristics at reasonable prices.

Weltfaserverbrauch im Vergleich

Global comparison of fibre consumption

Jahr / Year	1992	2002	2012
Chemiefaserm / Chemical fibres	16.161	28.024	46.482
Baumwolle / Cotton	18.635	20.875	23.610
Wolle / Wool	1.757	1.268	1.051

in Mio. t

Quelle: OECD

Wassergehalt von importierter und exportierter Baumwollkleidung × 2 = Frischwasserverbrauch deutscher Haushalte / Jahr

Water content of imported and exported cotton garments × 2 = the fresh water consumption of German households / year

Quelle: Statistisches Bundesamt

So viel Wasser steckt in einem Baumwoll-T-Shirt

This is how much water there is in a T-shirt made of cotton

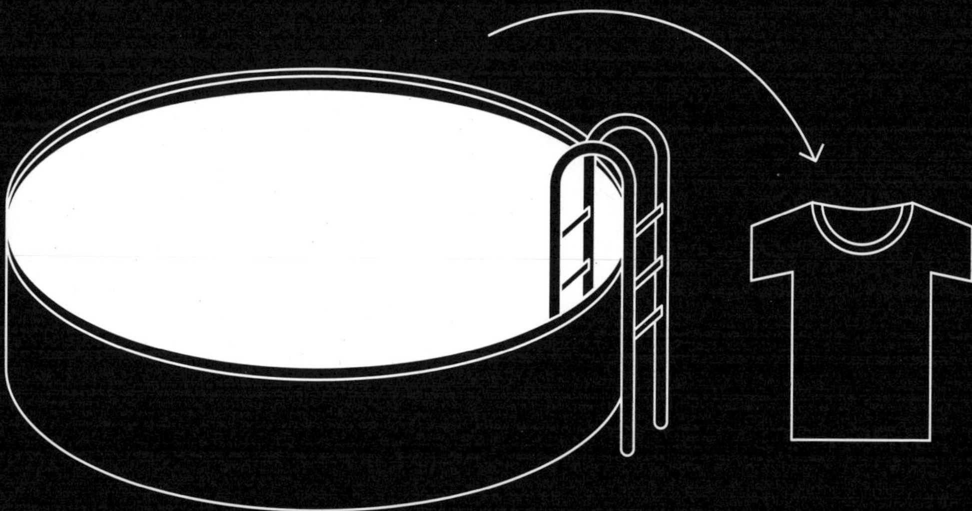

Soviel Wasser importiert Deutschland in Baumwolltextilien...

This is how much water Germany imports in cotton textiles...

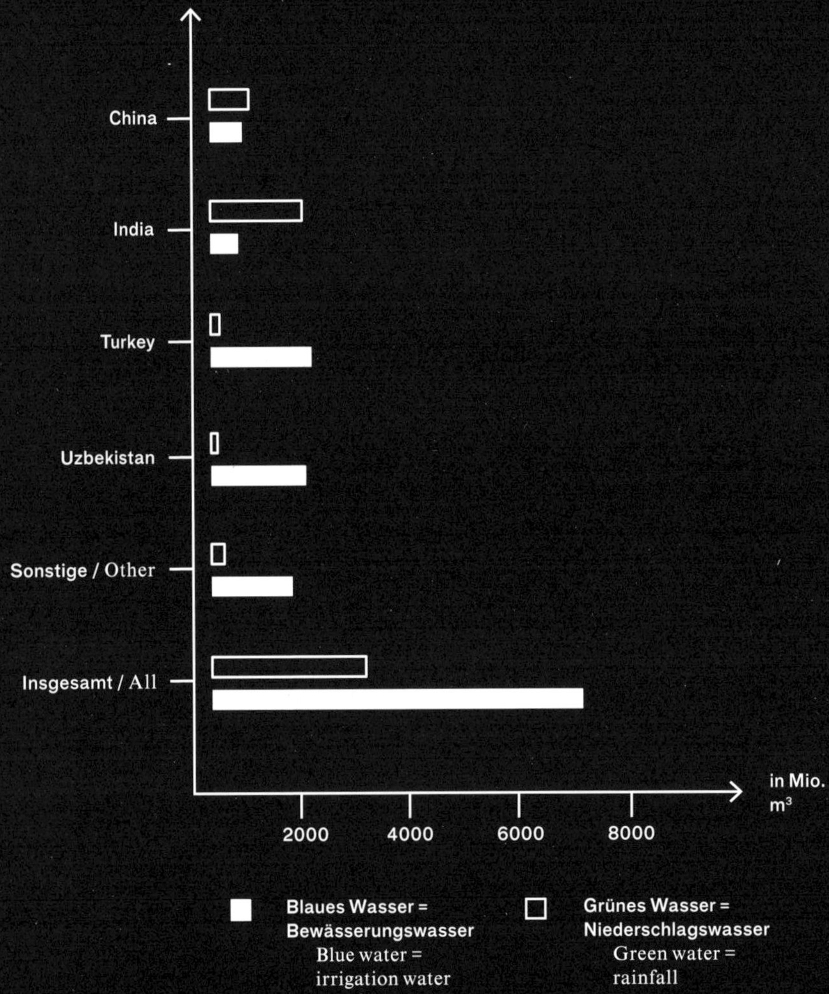

Quelle: Statistisches Bundesamt

Theorie
Theory

Haute Couture
(frz. hohe/gehobene Schneiderei)

Haute Couture (French for high-end/ sophisticated dressmaking)

Angelika
Riley

DE

Die Haute Couture umfasst das Spitzensegment der Pariser Luxus-Damenmode. Sie ist das Gegenteil von Fast Fashion. Die Modelle werden in kleiner Stückzahl in aufwendiger Handarbeit in Paris für einen elitären Kundenkreis hergestellt und sind enorm kostspielig.

Haute Couture-Modenschauen finden zweimal jährlich statt, im Januar für die Frühjahr/Sommerkollektion und im Juli für die Herbst/ Winter-Kollektion des jeweiligen Jahres. Im Januar 2015 nehmen ca. 25 Modehäuser daran teil, die bekanntesten unter ihnen sind Chanel und Christian Dior.

Die Pariser Haute Couture hat eine lange Tradition, in der die außerordentliche Kreativität der Modeschaffenden mit einer hervorragenden Handwerkskultur verbunden und unter den Schutz des französischen Staates gestellt ist. In ihrer fast 130-jährigen Geschichte hat sie sich als wandlungs- und anpassungsfähig erwiesen und damit die Bedeutung Frankreichs als dem weltweit wichtigsten Standort für Luxusmode bis heute erhalten.

Der Interessenverband der französischen Couturiers, die *Chambre Syndicale de la Haute Couture*, wurde bereits 1886 gegründet. Die Initiative dazu ging von Charles Frederick Worth (1826-1895) aus, dem ersten Couturier im heutigen Sinne. Der gebürtige Engländer hob die Maßschneiderei auf ein bis dahin unbekanntes Niveau, indem er seinen illustren Kundinnen eigene Entwürfe vorführte, anstatt lediglich deren Wünsche umzusetzen. Worth stattete jedes seiner Modelle mit einem signierten Etikett aus. Damit erhob er seine Kreationen in den Rang von künstlerischen Unikaten, für die er die Autorenschaft beanspruchte.

Neben der Herstellung luxuriöser Mode für die private Kundin, verkauften die Couture-Häuser ihre Entwürfe auch an internationale Modesalons, Luxus-Kaufhäuser und sogar gehobene Konfektionäre, die entweder autorisierte Kopien anfertigten oder die Modelle in abgewandelter Form weiter vermarkteten. Einen weiteren erheblichen Teil ihres Gewinns machte die Luxusmoden-Industrie bereits vor hundert Jahren mit Nebenprodukten wie Accessoires, Kosmetik und Parfums.

Eine weitere Blütezeit der Haute Couture fiel in die Zeit nach dem Zweiten Weltkrieg. In den 1950er und zu Beginn der 1960er Jahren gehörten mehr als 100 Modehäuser der *Chambre Syndicale* an. Das Diktat der französischen Mode war ungebrochen. Sie gab die modische Silhouette für die Frauen der westlichen Welt vor, bis hin zur exakten Länge des Rockes. Die Prêt-à-Porter-Mode (frz. Fertig zum Tragen; gehobene Konfektion von Couturiers / Modedesignern) steckte noch in den Kinderschuhen. Ab Mitte der Sechziger Jahre veränderte sich das Modeverständnis und das Geschäft mit der Mode grundlegend.

Die 1973 gegründete *Fédération Française de la Couture du Prêt-à-Porter des Couturiers et des Créateurs de Mode* trägt dieser Entwicklung bereits Rechnung. Dieser Dachverband vertritt neben den Grands Couturiers auch die Häuser, die ausschließlich Prêt-à-Porter anbieten mit dem Ziel, die Position von Paris als Welthauptstadt der Mode zu erhalten, die Rechte am geistigen Eigentum zu verteidigen, Entwicklung und Ausbildung zu fördern. Dem großen zahlenmäßigen Rückgang der Haute Couture Häuser im Laufe der Jahrzehnte begegnet die Kommission, die den Zugang zu diesem illustren Kreis jährlich neu entscheidet, mit einer Lockerung der Aufnahmekriterien. So können heute unter bestimmten Bedingungen auch Modehäuser zugelassen werden, die ihren Stammsitz außerhalb von Paris haben oder Gastmitglieder benannt werden.

Heute fungiert die Haute Couture vor allem als Marketinginstrument, Schaufenster und Experimentierfeld der großen Modehäuser und Luxuswarenkonzerne, sie bietet aber auch ausgewählten Newcomern eine Plattform.

EN

Haute Couture comprises the premium segment of Parisian luxury women's fashion. It is the opposite of Fast Fashion. The models are meticulously hand-made in Paris for an elite clientele and are immensely costly.

Haute Couture fashion shows take place twice yearly, in January for the Spring / Summer collection and in July for the Autumn / Winter collection of the year in question. In January 2015, some 25 fashion houses participate, the best-known names being Chanel and Christian Dior.

Parisian Haute Couture has a long tradition, in which the extraordinary creativity of the fashion designers is combined with a culture of outstanding craftsmanship, and it stands under the aegis of the French state. In its almost 130-year history it has proved its versatility and adaptability and thus maintained the reputation of France until today as the world's pre-eminent location for luxury fashion.

The professional association of French couturiers, the *Chambre Syndicale de la Haute Couture*, was founded as early as 1886. The initiative for this came from Charles Frederick Worth (1826-1895), the first couturier in today's sense of the word. Born in England, he elevated bespoke tailoring to previously unknown heights by presenting his own designs to the illustrious society ladies who were his customers, instead of merely fulfilling their wishes. Worth furnished each of his designs with a signed label. This raised his creations to the rank of unique works of art, for which he claimed authorship.

Alongside producing luxurious fashion for private customers, the couture houses also sold their designs to international fashion salons, luxury department stores and even to up-market ready-to-wear clothing manufacturers, who either then produced authorized copies or marketed the designs in their turn with modifications. A further considerable portion of the luxury fashion industry's profits came even a hundred years ago from by-products such as accessories, cosmetics and fragrances.

Haute Couture experienced another heyday in the years following the Second World War. In the 1950s and the early 60s very many fashion houses were members of the *Chambre Syndicale*. The dictate of French fashion was uncontested. It prescribed the fashionable silhouette for women in the Western world, down to the exact length of their skirts. Prêt-à-Porter fashion (French: ready-to-wear; upmarket off-the-peg garments from fashion designers) was still in its infancy. From the mid-Sixties on, the understanding of fashion and with it the fashion business underwent radical change.

The *Fédération Française de la Couture du Prêt-à-Porter des Couturiers et des Créateurs de Mode*, founded in 1973, already takes these developments into account. This industry association represents, besides the Grands Couturiers, the houses which exclusively offer Prêt-à-Porter as well, with the aim of maintaining the position of Paris as the world capital of fashion, defending intellectual property rights and promoting development and the training of young talents.

The Commission, which decides each year anew who should be admitted to this illustrious circle, has responded to the massive reduction in the number of Haute Couture houses over the course of decades by relaxing the stringent criteria for admission. Thus today fashion houses which have their headquarters outside Paris can also be admitted under certain conditions or designated as guest members.

Today Haute Couture is above all a marketing instrument, the shop window and experimental laboratory of the major fashion houses and luxury goods concerns, but it also offers a place to carefully selected newcomers.

Prêt-à-Porter und Designermode
Prêt-à-Porter (frz. Fertig zum Tragen)

Prêt-à-Porter
(French for ready-to-wear)

Angelika
Riley

DE

Prêt-à-Porter ist sehr modische und hochpreisige Konfektionskleidung, entworfen von Couturiers und Modedesignern. Im Gegensatz zur Haute Couture handelt es sich nicht um Maßarbeit, sondern die Kleidung wird nach Größentabellen angefertigt und industriell produziert. Als Abgrenzungskriterien zum mittleren Marktsegment und vor allem zur Fast Fashion können gelten: der Entwurf durch einen namentlich benannten Designer, die Qualität der Materialien, die Herstellung in kleiner Auflage an relativ hochpreisigen Fertigungsstandorten. Europäische Designermode wird zu einem großen Teil in Italien produziert.

Das Saison-Konzept ist von der Haute Couture übernommen. Die Kollektionen werden bei den Modewochen vorgestellt, mit den wichtigsten Stationen New York, London, Mailand und Paris als krönendem Abschluss mit ca. 100 Defilées. Die Schauen finden jeweils im Februar / März (Herbst / Winter-Kollektion desselben Jahres) und September /Oktober (Frühjahr/Sommer-Kollektion des darauffolgenden Jahres) statt. Viele Labels haben inzwischen noch zwei weitere Kollektionen: Resort zum Jahresbeginn und Prefall für den Spätsommer, die zwischen den anderen Saisons ausgeliefert werden. Die Kleidung kommt außerdem häppchenweise in die Geschäfte und Online Shops, so dass es einen permanenten Kaufanreiz gibt. Darüber hinaus gibt es häufig Zweitlinien für weitere Marktsegmente. Das kann als Anpassung an den Massenmarkt verstanden werden, der permanent neue Ware anbietet.

Die Anfänge der Prêt-à-Porter liegen einerseits in den Boutiquen der Couturiers, die bereits in den 1930er Jahren entstanden und vorgefertigte Kleidung, Accessoires und Parfum verkauften und andererseits in der bereits im 19. Jh. entstandenen Konfektion, der industriellen Herstellung von Kleidung. Als in den 1960er Jahren die Vorherrschaft der französischen Mode schwand und sich, vor allem von England ausgehend, eine unabhängige Jugendmode verbreitete, sahen sich die etablierten Couturiers zur Reaktion gezwungen und lancierten eigene Linien mit konfektionierter Damenkleidung: die Prêt-à-Porter. Yves Saint Laurent startete 1966 als erster, Chanel wartete bis 1978. Andere Designer beschränkten sich von vornherein auf die Konfektion. Paris richtete bereits 1965 den ersten *Salon du Prêt-à-Porter* ein und etablierte

1973 einen eigenen Verband, die *Chambre Syndicale du Prêt-à-Porter du Couturiers et Créateurs de Mode.*

Modenschauen, obwohl gelegentlich schon totgesagt, werden zu immer spektakuläreren Performances und von allen Medien weiterverbreitet. In den während den Fashion Weeks geöffneten Showrooms werden die Einkäufer zum Ordern empfangen, denn neben den flagship stores der Modehäuser, wird Designermode auch in Multibrandstores und Kaufhäusern angeboten.

Nicht alle Modelle, die in den Fashion Shows präsentiert werden, kommen anschließend auch in den Handel und nicht alle Modelle eines Labels werden auf Modenschauen gezeigt. Die Designer unterscheiden zwischen der künstlerischen und der kommerziellen Kollektion mit unterschiedlich großer Schnittmenge. Die Kunst ist, die richtige Menge in den richtigen Farben und Größen zu produzieren, dabei die benötigte Exklusivität zu wahren und Überproduktion zu vermeiden.

Obwohl man annehmen könnte, dass der Weg von der Haute Couture zur Prêt-à-Porter, als gewinnbringenderem Unternehmen zwangsläufig ist, gibt es auch umgekehrte Entwicklungen: Jean Paul Gaultier konzentriert sich nach fast 40 Jahren Prêt-à-Porter ab 2015 nur noch auf die Haute Couture.

EN

Prêt-à-Porter is very fashionable and expensive clothing off the peg, designed by couturiers and fashion designers. In contrast to Haute Couture we are not talking here about individually made-to-measure garments, but clothing tailored according to size tables and industrially manufactured. As the criteria marking it off from the middle market segment and in particular from Fast Fashion we may take the following: a design by a named designer, the quality of the materials, a small production run at production locations in relatively high-wage countries. European designer fashion is produced for the most part in Italy.

The concept of seasonal collections has been taken over from Haute Couture. The collections are unveiled at the fashion weeks, with the principal venues in New York, London, Milan and Paris as the crowning event with something like 100 defilées. These take place every year in February/March (autumn/winter collection of the same year) and September/October (spring/summer collection of the following year). Many labels have meanwhile added two further collections: Resort at the beginning of the year and Prefall for late summer, with deliveries scheduled between the other seasons. On top of this, the garments only come into the shops and online shops in dribs and drabs, so as to maintain a permanent incentive to buy. Over and above this, there are often second lines for further market segments. This can be understood as an adaptation to the mass market, which continuously brings out new wares.

The beginnings of Prêt-à-Porter were on the one hand in the boutiques of the couturiers, which had already been set up in the 1930s and sold ready-to-wear garments, accessories and fragrances, and on the other in the advent of made-up clothing, manufactured industrially, in the 19th century. When the predominance of French fashion waned in the 1960s and, originating first and foremost from England, an independent youth-orientated fashion began to spread, the established couturiers saw themselves forced to respond and launched their own lines with ready-to-wear ladies' garments: Prêt-à-Porter. Yves Saint Laurent was first off the mark in 1966, Chanel waited until 1978. Other designers restricted themselves from the outset to ready-to-wear. Paris already put on the first *Salon du Prêt-à-Porter* in 1965 and in 1973 founded a dedicated association: the *Chambre Syndicale du Prêt-à-Porter des Couturiers et Créateurs de Mode*.

Fashion shows, although their demise has often been announced, are turning into ever more spectacular performances propagated by all the media. In the showrooms opened during the fashion weeks, the purchasers attend receptions where they can place their orders, for besides the fashion houses' flagship stores, designer fashion is also sold in multi-brand stores and department stores.

Not all the models showcased at the fashion shows subsequently come onto the market, and not all the designs of a label are on display at fashion shows. Designers distinguish between the artistic and the commercial collection, which overlap to differing degrees. The real art is to produce the right quantity in the right colours and sizes while at the same time maintaining the necessary exclusivity and avoiding overproduction.

Although one might suspect that the path from Haute Couture to Prêt-à-Porter, as a more profitable line of business, is inevitable, there are some instances of designers moving in the other direction: Jean Paul Gaultier, after almost 40 years of Prêt-à-Porter, will concentrate from 2015 on only on Haute Couture.

Mode-Kopien
Copied fashion

Angelika
Riley

DE

Das Kopieren gehört zum Wesen der Mode, man könnte sogar sagen, keine Mode ohne Nachahmung. Bekleidungsmoden entstehen dadurch, dass eine größere Gruppe von Menschen einem Vorbild folgt und dessen Kleidungsstil übernimmt.

Produktpiraterie ist das unerlaubte, professionelle Kopieren von einzelnen Entwürfen, Produkten oder Labels aus geschäftlichem Interesse.

Die Grenzen zwischen Interpretation, Adaption, Kopie und Plagiat, zwischen erlaubt, tolerabel und verboten sind nicht leicht zu ziehen. Die Durchsetzung des Rechts am geistigen Eigentum ist speziell beim Modedesign eine komplizierte juristische Angelegenheit, die Experten weltweit beschäftigt.

Dabei handelt es sich bei der Produktpiraterie keineswegs um ein neues Phänomen. Schon zu Beginn des 20. Jahrhunderts wehrten sich Modeschöpfer entschieden gegen den Diebstahl ihrer Kreationen. 1914 wurde das *Syndicat de Défense de la Grande Couture Française et des Industries s'y Rattachant* (Verband zur Verteidigung der französischen Couture und der angegliederten Gewerke) gegründet, das dem Modellschutz diente. Couturiers verwahrten sich damit vor allem gegen Gepflogenheiten des nordamerikanischen Marktes. Dort wurden im großen Stil sowohl einzelne Modelle kopiert, als auch Etiketten gefälscht. Nicht nur die Rechte der Entwerfer wurden dadurch verletzt, auch ein Teil der Kundinnen wurde betrogen. Einige amerikanische Unternehmer warben aber auch ganz offen damit, jedes französische Haute Couture-Kleid kopieren zu können. Coco Chanel (1883-1971) vertrat dagegen eine relativ lockere Modellschutzpolitik. Sie fühlte sich durch das massenhafte Kopieren ihres Stils mehr bestätigt, als in ihrem Geschäftsinteresse eingeschränkt. Die Haute Couture hatte stets ein gespaltenes Verhältnis zum Unikat, sie versuchte bereits in den 1910er/20er Jahren neben dem Geschäft mit der elitären Kundschaft auch am Massenmarkt teilzuhaben. Das geschah mit Hilfe autorisierter Kopien und Lizenzvergaben.

Die Reglementierungswut des Haute Couture-Verbandes trieb zum Teil seltsame Blüten. Jahrzehntelang war es Journalisten verboten, direkt von den Modenschauen in Wort und Bild zu berichten. Wochenlang durfte kein Bild veröffentlicht werden, bis die Modehäuser ihre Aufträge gesichert hatten. Dieses Verfahren, das schon damals nur sehr unzuverlässig funktionierte, ist in Zeiten von Digitalfotografie, Internet und Modenschauen per Livestream rund um den Globus undenkbar.

Das Problem der Raubkopien ist durch die neuen Medien noch viel größer geworden. Seit dem Beginn der bis heute anhaltenden Logomanie in den 1990er Jahren überschwemmen gefälschte Produkte und Label den Markt. Teure Accessoires, wie Handtaschen sind besonders betroffen, aber auch Desiderate wie die aktuellsten Sportschuhe. Mitte der 1990er Jahre starteten die ersten Online Shops im heutigen Sinne, was zu einer neuen massenhaften, wenig zu kontrollierenden Distribution von Konsumgütern rund um den Globus geführt hat. Designermode erscheint in leicht abgewandelter Form und innerhalb kürzester Zeit in den verschiedenen Highstreet-Modeketten. Als Ausweg aus dem Dilemma gehen bekannte Luxusmodemarken immer häufiger Kooperationen mit eben diesen Unternehmen ein, die in sogenannten Kapselkollektionen Designermode made in China für alle bezahlbar anbieten. Ein Spagat zwischen Exklusivität und Massenware.

In der Produktpiraterie-Diskussion treffen auch unterschiedliche kulturelle Auffassung zu „Original und Fälschung" aufeinander, sowie verschiedene Rechtssysteme. In Frankreich beispielsweise ist das Raubkopieren von Mode bereits seit 1901 strafbar. In Deutschland schützen Marken- und der Geschmacksmusterrecht, in seltenen Fällen das umfassendere Urheberrecht, die Entwürfe von Modedesignern. Nationales Recht allein hilft aber nur begrenzt, da die Problematik fast immer internationales Recht berührt. Für den Verbraucher kann die Unterscheidung von Original und Plagiat schwierig sein, Preis und Vertriebsweg sind aber gute Indikatoren.

EN

Copying is in the DNA of fashion, we might even go as far as to say: no fashion without imitation. Fashions in clothing come about through the fact that a large group of people emulate someone seen as a model and copy their style of dressing.

Product piracy is the professional copying, without permission, of specific designs, products or labels for commercial gain.

It is not easy to draw the line between interpretation, adaptation, copying and plagiarism, between permitted, to be tolerated and forbidden. Enforcing intellectual property rights, especially in the case of fashion design, is a complicated field of legal expertise which keeps lawyers all over the world occupied.

At the same time product piracy is by no means a new phenomenon. Fashion creators were already vigorously fighting to protect themselves from the theft of their creations at the beginning of the 20th century. In 1914 the *Syndicat de Défense de la Grande Couture Française et des Industries s'y Rattachant* (Association for the Defence of French Couture and its Allied Trades) was founded. Couturiers were above all concerned to protect themselves from the practices customary on the North American market. There, not only were individual designs copied, but labels were forged as well, and this happened on a massive scale. This not only infringed the rights of the designers, but also constituted fraud against some of the customers. Some American businessmen, however, advertised quite openly with the boast that they could copy any French Haute Couture dress. Coco Chanel (1883-1971), in contrast, advocated a relatively loose design protection policy. She felt that the mass copying of her style confirmed her primacy rather than cramping her business interests. Haute Couture always had an ambivalent attitude towards the unique object, and in the 1910s and 20s already tried to secure a foothold in the mass market alongside their business with their elite clientele. This was done by means of authorized copies and licencing agreements.

The Haute Couture association's mania for regulation had some very curious effects. For many decades journalists were forbidden to report directly either in writing or pictures about the fashion shows. For weeks on end no pictures were allowed to be published, until the fashion houses had secured their orders. This procedure, which only functioned very unreliably even then, has become unthinkable in the age of digital photography, the internet and fashion shows transmitted all around the globe by livestream.

The problem of pirated copies has been made much greater by the new media. Since the beginnings of logomania in the 1990s, which has continued unabated to this day, the market has been swamped by forged labels and products. Expensive accessories such as handbags are particularly hard hit by this, but also desiderata such as the most up-to-date sports shoes. The first online shops in the modern sense started up in the mid-1990s, making way for the mass distribution of consumer goods worldwide with no possibility of effective controls. Designer fashion appears slightly modified and with a minimum time lag in the various high street fashion chain stores. As one way out of this dilemma, well-known luxury brands are increasingly making cooperation agreements with just these enterprises, which offer designer fashion made in China at prices affordable to everyone in so-called capsule collections: a balancing act between exclusivity and mass produced goods.

In the debate about product piracy there is also a clash of different cultural ways of understanding the concepts of "original and forgery", not to speak of different legal systems. In France, for instance, the pirating of fashion designs has already been a punishable offence since 1901. In Germany, fashion creators' designs are protected by trademark and design patent law, and in some rare cases by the more comprehensive copyright laws. National law by itself only provides limited protection, however, since the problem issues almost always involve international law. It can be very difficult for the consumer to tell the original from the counterfeited product, but price and distribution channel are good indicators.

Sustainability in Fashion: der Wechsel eines Paradigmas

Sustainability in Fashion: a paradigm change

Friederike von Wedel-Parlow

DE

Über die letzten hundert Jahre hat sich die Bekleidungsindustrie von einer traditionellen Herstellungsform mit Schwerpunkt auf Handwerk und Einzelanfertigung zu der Massenproduktion mit standardisierten Größen und festgelegten Preisen von Heute transformiert, die zumeist in einem Land gestaltet, in einem anderen hergestellt und weltweit vertrieben wird. Dieses Modell bekannt als Fast Fashion hat das Gesicht der Modeindustrie komplett verändert. Der Konsum von Textilien von 2000 bis 2010 hat sich um 47% gesteigert, die Kollektionsrhythmen haben sich versechsfacht, 70 Milliarden Euro wurden allein in Deutschland im letzten Jahr für Bekleidung und Schuhe ausgegeben. Doch während immer neue und dabei doch gleichbleibende Styles zu niedrigen Kosten im Überfluss auf den Markt geworfen werden, um so eine Art von Bewegung des Marktes zu simulieren, verursacht diese grenzenlose Form von Produktion und Konsum nicht nur immense gesundheitliche, soziale und ökologische Schäden für die Menschen und ihre Umwelt. Diese Prozesse stellen auch einen einschneidenden Verlust von Tradition, Kultur, Werten und innerem Reichtum der Gesellschaft dar.

Der Mode- und Textilindustrie kommt dabei eine besondere Bedeutung zu: etwa ein Drittel aller Arbeitsplätze weltweit sind mit dem textilen Sektor verbunden, weit mehr als mit der Autoindustrie, und oft zu katastrophalen Arbeitsbedingungen. Rund 20.000 Chemikalien werden global im textilen Bereich eingesetzt, das macht ein Drittel des gesamten Chemieeinsatzes aller Industrien aus und den Textilsektor damit zu der Einzelindustrie mit dem größten Chemieeinsatz weltweit. Ressourcenverknappung und Bevölkerungswachstum lassen die Fortführung der konventionellen Praxis auf Dauer nicht zu: Prognosen sehen für 2050 eine Erdbevölkerung von 9,5 Milliarden Menschen voraus, davon 50 Prozent mit einer Zugehörigkeit zum Mittelstand und entsprechendem Bedarf an einer westlichen Lebensführung. Es bedarf eines Paradigmenwechsels, eines radikalen Wechsels des Systems Mode, um diese Menschen nicht nur zu ernähren, sondern auch respektvoll kleiden zu können – und damit auch eines völlig anderen Verständnisses von Design, das den kommenden Anforderungen an Qualität, Innovation, Kultur und Schönheit Rechnung trägt.

Qualität im Kontext von Mode meint ein Produkt und dessen Material-, Funktionseigenschaften und Herstellungsprozesse wie auch ästhetische und kulturelle Beschaffenheiten im Wandel der Zeiten, und umfasst auch die Folgen der Herstellung, Nutzung und Entsorgung am Ende der Lebensdauer. Bewerten wir diese Eigenschaften - sprich: welche Werte liegen der Mode zugrunde? - so können diese immer nur am menschlichen Maß bemessen werden; der Mensch und seine Umwelt im Gestern, Heute und Morgen und nicht ausschließlich an einer abstrakten Größe wie finanziellem Profit. Material- und Herstellungseigenschaften inklusive der eingesetzten chemischen Elemente resultieren in Konsequenzen für Arbeitssicherheit der Feld- und Fabrikarbeiter und Gesundheitsrisiken für die Herstellenden und Nutzer der Kleidung.

Soziale Kriterien sowie die ökologischen stehen auf der gleichen Ebene wie ästhetische und kulturelle Entwurfsqualitäten und haben dieselbe Relevanz wie ökonomische Nachhaltigkeit. Diese Verantwortung gilt es in der Gesellschaft zu verankern und die Folgen eines jeden Schrittes zu vergegenwärtigen.

Dazu hat Mode das Potential, kulturelle Veränderungen zu provozieren: Es gilt, ganzheitliche Lösungen zu entwickeln und erproben, wie Nachhaltigkeit verbunden mit Ästhetik und kulturellem Wandel zukunftsfähige Antworten liefern kann. Also das Spannungsfeld Mode mit kraftvoller, ästhetisch anspruchsvoller Qualität und gutem Design zu beantworten, das den Vergleich mit konventioneller Mode aushält und gleichzeitig so viel mehr zu liefern weiß, weil es den Menschen in den Vordergrund rückt.

EN

Over the last hundred years, the clothing industry has been transformed from a traditional form of garment making focused on craftsmanship and single-unit customized production into today's mass production with standardized sizes and contractually fixed prices, mostly designed in one country, produced in another and marketed globally. This model, familiar under the name Fast Fashion, has completely changed the face of the fashion industry. Consumption of textiles went up by 47% from 2000 to 2010, the rhythm of new collections multiplied by a factor of six, 70 million euros were spent last year in Germany alone for clothes and shoes. Yet while the market is flooded by ever newer styles (which actually stay much the same) at bargain prices, simulating in this way some sort of market movement, this type of unlimited production and consumption causes immense health, social and ecological problems for people and their environment. These processes also represent a dramatic loss of tradition, culture, values and the spiritual wealth of society.

This has particular relevance to the fashion and textile industries: approximately one third of the jobs worldwide are linked to the textile sector, far more than in the automotive industry, and often under catastrophic working conditions. Some 20,000 chemicals are used in the textile sector worldwide, accounting for a third of all chemicals used in industry as a whole, thus making the textile sector the one single industry with the highest input of chemicals in the world. Dwindling resources and population growth will not permit us to continue these production processes: a global population of 9.5 billion people is forecast for 2050, 50% of them belonging to the middle class with a corresponding demand for a Western lifestyle. A paradigm change, a radical change in the system of fashion, is needed so as not only to be able to feed these people, but to dress them in a dignified way - and that means a totally different understanding of design, one which takes into account the new requirements for quality, innovation, culture and beauty in this future.

Quality in the context of fashion stands for a product and its material, its functional properties and how it is produced, as well as its aesthetic and cultural character in the light of changing ideas through the ages, and also includes the impacts of producing, using and disposing of it at the end of its useful life. If we evaluate these criteria – i.e., what are the values underlying fashion? –they can only be measured by the human dimension - humans and their environment yesterday, today and tomorrow – and not exclusively by some abstract quantity like financial profit. The features of materials and production processes, including the input of chemicals, have consequences for the safety of workers in the fields and factories and pose a health risk to those who make and those who wear the garments.

Human, i.e., social criteria, together with ecological impacts, are just as important as the aesthetic and cultural qualities of a design, and every bit as relevant as economic sustainability. This sense of responsibility must be anchored in society, so that we are aware of the results of each step.

In this context, fashion has the potential to provoke cultural change: it is imperative to develop holistic solutions, and to test how sustainability in combination with aesthetics and cultural change can deliver viable answers for the future. This means providing an answer to the tensions inherent in the field of fashion with vibrant, aesthetically ambitious quality and good design which stands up to comparison with conventional fashion while it is at the same time able to deliver so much more because it is a people product.

Responsable Fashion: Die Rolle des Designers Was bedeutet das für die Lehre?

Responsible Fashion: The role of the designer What does it mean for teaching the new generation?

Friederike von Wedel-Parlow

DE

Die Aufgaben der (Mode)Designer haben sich in den vergangenen Jahren verschoben – es geht längst nicht mehr nur um die ästhetische Gestaltung von Kollektionen, sondern um die verantwortliche Gestaltung des gesamten Umfelds. Dazu gehört es - neben dem Einsatz von Materialien und Technologien - auch den Zugang zu schaffen mit innovativen Services sowie die Nutzungsprozesse und -dauer im Blick zu haben und zu gestalten. Ein Produkt, selbst wenn es noch so ansprechend und ästhetisch hochwertig gestaltet ist, hat keine Designqualität, wenn es von Kinderhand gefertigt ist, wenn es problematische gesundheitliche oder ökologische Folgen für den Mensch und seine Umwelt in der Herstellung oder Nutzungsphase hat, wenn es kein Bedürfnis beantwortet und somit keine Verwendung findet oder wenn es zu einem Abfallproblem wird. Auch geht es um die Frage, wie wir Ressourcen so intelligent einsetzen, dass wir sie nach einer Nutzungsphase gewinnbringend wieder in den Kreislauf einbringen und etwas Neues, Qualitatives daraus gestalten können. Dabei muss immer das Wesen der Mode und das ihrer Träger berücksichtigt werden: Antreiber und Zeichen von Veränderung zu sein und individuelle wie kulturelle Identität zu stiften.

Was bedeuten diese vielseitigen Anforderungen für die Lehre? Wie vermittelt man dieses neue erweiterte Verständnis von Design und bereitet die Studierenden auf ihren zukünftigen Aufgabenkanon vor? Aus meiner Perspektive im Rahmen des Masterprogramms „Sustainability in Fashion“ ist zum einen natürlich eine breit aufgestellte Wissensvermittlung mit tiefem Einblick in die gesamte Produktion und Entwicklung von Textil und Bekleidung erforderlich - von der Faser über die Produktionsprozesse bis hin zum Vertrieb und innovativen Geschäftsmodellen. Im Vordergrund sollte eine kritische Auseinandersetzung und Durchdringung von Zusammenhängen innerhalb des komplexen Systems Mode stehen mit seinen zahlreichen Interessensgruppen und gesellschaftsrelevanten, politischen sowie kulturellen Aspekten. Dies kann dann in ein Erforschen und Erproben von designtheoretischen und -praktischen Ansätzen mit Schwerpunkt auf nachhaltigen Design- und Kommunikationsstrategien münden. Neben diesen weiten Wissens- und Anwendungsfeldern sollte auch ausreichend Raum für die kreative

Entfaltung gegeben sein, um das Spannungsfeld Mode und Nachhaltigkeit erschließen zu können. Für die Studierenden heißt das in Projekten und nicht nur in Produkten zu denken. In umfassenden Projekten untersuchen sie zukunftsorientierte, relevante Fragestellungen und entwickeln daraus eigene Nachhaltigkeitskriterien sowie nachhaltige Designstrategien, die zu definierende Bedürfnisse von bestimmten Zielgruppen beantworten. Zur Gestaltung dieser kohärenten Projekte gehören auch entsprechende Kommunikations- und Businessstrategien.

Zudem kann eine interdisziplinäre und interkulturelle Struktur der Studierendengruppe eine Lern- und Studienatmosphäre kreieren, in der sie ihre verschiedenen Kenntnisse, Fähigkeiten und Erfahrungen entlang der textilen Kette einbringen und miteinander teilen. Die Studierenden erlernen dabei das Arbeiten im Team im Gegensatz zu etablierten konkurrenz- und abgrenzungsorientierten Handlungsmustern. Partnerschaften, Zusammenarbeit und Netzwerke sind unerlässlich, wenn es um wirkliche Veränderung des Systems Mode geht: das geht nur gemeinsam. Dazu gehört eine Lernumgebung, die das Lernen der Studierenden von und miteinander fördert, die gemeinsam neue Wege und Ideen entwickeln und testen und die verschiedenen Perspektiven kennenlernen. Die unterschiedlichen Fähigkeiten und Erfahrungen bedeuten somit auch einen ganz individuellen Lernauftrag und -weg. Es verlangt Selbstverantwortung, sich einen eigenen Lehrfahrplan aus den Angeboten und Möglichkeiten eines Studienprogramms zu gestalten. Wichtiger Teil des Lehrauftrags ist also auch die Stärkung der Studierenden für diese Pionierarbeit, als Botschafter diese neue zukunftsorientierte Haltung in die Firmen zu tragen.

EN

The tasks of (fashion) designers have shifted over recent years – it is no longer merely a question of creating the aesthetic appearance of collections, but of (re)configuring the entire setting in which they exist in a responsible way. That includes – besides the deployment of materials and technology – also giving access via innovative services as well as never losing sight of the processes involved in the use of clothes and how long they last. A product, however attractive and excellently designed it may be aesthetically, has no design quality if it is made with child labour, if it has problematic health effects or ecological impacts for humans and their environment either during the production or usage, if it does not satisfy any need and is thus never actually used or if it becomes a problem for waste disposal. It is also a question of how to use resources so intelligently that we can gainfully bring them back into circulation after use, and make something new of equal quality.

And we must always bear in mind in this what fashion and the people who wear it really are: promotors and indicators bringing about an individual and cultural identity.

What do all these many-facetted requirements mean for teaching programs? How can we communicate this new, much wider understanding of design and prepare our students for the canon of tasks facing them in the future? From my perspective in the Master's Program "Sustainability in Fashion", it is on the one hand necessary to equip them with broad-based and diversified knowledge which gives a deep insight into the entire production processes and the development of textiles and clothing – starting with the fibres via production up to marketing and innovative business models. The paramount aim in this should be to promote critical examination and in-depth understanding of the interdependencies within the complex system of fashion, with its numerous stakeholders and societal, political and cultural contexts. This may lead to researching and testing different theoretical and practical design approaches with a focus on sustainable design and communication strategies. Alongside these extensive fields of knowledge and application, sufficient scope should be given for creativity, in order to deduce the creative tension in the interplay between fashion and sustainability. For the student, that means thinking in projects and not just in products. He/she investigates future-orientated, relevant questions within the framework of comprehensive projects and develops his/her own sustainability criteria and sustainable design strategies which cater to the needs (which must be defined) of specific target groups. Appropriate communication and business strategies should be developed into such coherent projects.

On top of this, interdisciplinary and intercultural composition of the student group can help to create an atmosphere for learning and studying in which all can contribute their diverse knowledge, skills and experience along the textile chain and share these with each other. The students learn in this way to work as a team instead of falling into established patterns of behaviour, seeing each other as rivals and trying to stand out from the crowd. Collaborative partnerships, cooperation and networks are essential if we want to achieve real change in the fashion system: for this, it needs a learning environment which promotes learning by the students with and from one another, so that they can develop and try out new ways of doing things and new ideas and become aware of how things look from different perspectives. Given their different abilities and experience, this means individual learning assignments and a learning pathway of their own for each individual student. It demands a high degree of personal responsibility to tailor their own curriculum for themselves from the options in a course program. An important element in the teacher's remit is therefore to support and strengthen the studenst for this pioneering task of going into the companies as ambassador for the new future-orientated posture.

Praxis
Practice

Der Textilsektor als Schlüsselindustrie industrieller Wirtschaftsentwicklung

The textile sector as key industry in the development of the industrial economy

Stephan
Engel

DE

Die Textilwirtschaft hat sich in den vergangenen Jahren einen bemerkenswert schlechten Ruf erarbeitet. Nicht erst seitdem die erschreckenden Bilder von einem Fabrikbrand in Bangladesch vor zwei Jahren durch die Medien gingen, auch schon, als in den 90ern über Kinderarbeit in nordafrikanischen Nähfabriken für Fußbälle berichtet wurde, prägte sich ein negatives, ein „schmutziges" Bild gegenüber der Textilwirtschaft bei vielen Menschen ein. Tatsache ist, dass die Bedingungen vor Ort oft katastrophal sind und Menschen und der Umwelt Schaden zugeführt wird. Insofern soll an dieser Stelle nicht marginalisiert bzw. Probleme kleingeredet werden. Das Ziel in diesem Text besteht darin, aus volkswirtschaftlicher Sicht auch auf die positiven Effekte der Textilwirtschaft hinzuweisen.

Die bedeutendste oder sagen wir die „treibendste" Industrie für die industrielle Entwicklung in England und in Kontinentaleuropa (Ende des 18. Jahrhunderts bis Mitte des 19. Jahrhunderts) war die Textilwirtschaft. Erste Beispiele für die durch Maschinen ermöglichte Produktionssteigerung waren Spinnmaschine und mechanischer Webstuhl - für Karl Marx die bedeutendste Erfindung der Industriellen Revolution.[1] Der Ökonom Joseph Schumpeter argumentiert, dass die Industriegeschichte Englands zwischen 1787 und 1842 auf die Entwicklung im Textilsektor zurückgeführt werden kann.[2] Was geschah, war im Kern, dass Menschen aus der Landbevölkerung, ohne große schulische oder handwerkliche Ausbildung, Arbeit und Lohn in Fabriken fanden. Das Volkseinkommen begann zu wachsen. Über immer produktivere Fertigungsmethoden, internationalen Handel, bessere Ausbildung usw. setzt sich diese Entwicklung bis heute für uns fort. Die Probleme, die wir aktuell in Entwicklungs- und Schwellenländern mitbekommen, ob Kinderarbeit oder verschmutzte Flüsse, waren in unserer eigenen industriellen Geschichte ebenso vorhanden und in ihrer Ausprägung nicht weniger deutlich.

Über den Aspekt, dass die Textilproduktion insbesondere Ungelernten einen Zugang zu Arbeit und Lohn bieten kann, nimmt dieser Industriezweig in der entwicklungsorientierten Wirtschaftspolitik eine Schlüsselrolle ein und wird entsprechend gefördert. Ein Land wie Bangladesch, dass als eines der ärmsten Länder der Welt gilt, wird seitens der USA und der EU bei der Einfuhr von Textilprodukten gegenüber anderen Ländern präferiert, indem keine Zölle zu zahlen sind - im Vergleich: Der Einfuhrzoll von Textilerzeugnissen aus China beträgt 12 Prozent! Dieses Präferenzsystem wurde in den 70ern unter der Führung der UN entwickelt und hat in den 90ern maßgeblich dazu beigetragen, dass sich der Textilsektor insbesondere in einem Land wie Bangladesch (nach der Privatisierung 1991) entwickelt hat. Nach China ist Bangladesch heute der zweitgrößte Textilproduzent der Welt, mit jährlichen

S./p. 127 →

Kunst
Art

Christin Losta Photographie
Atelier Balenciaga
Paris 1998

Christin Losta Photographie
Gertrud Höchsmann
Wien Museum, Modesammlung
Wien 2005

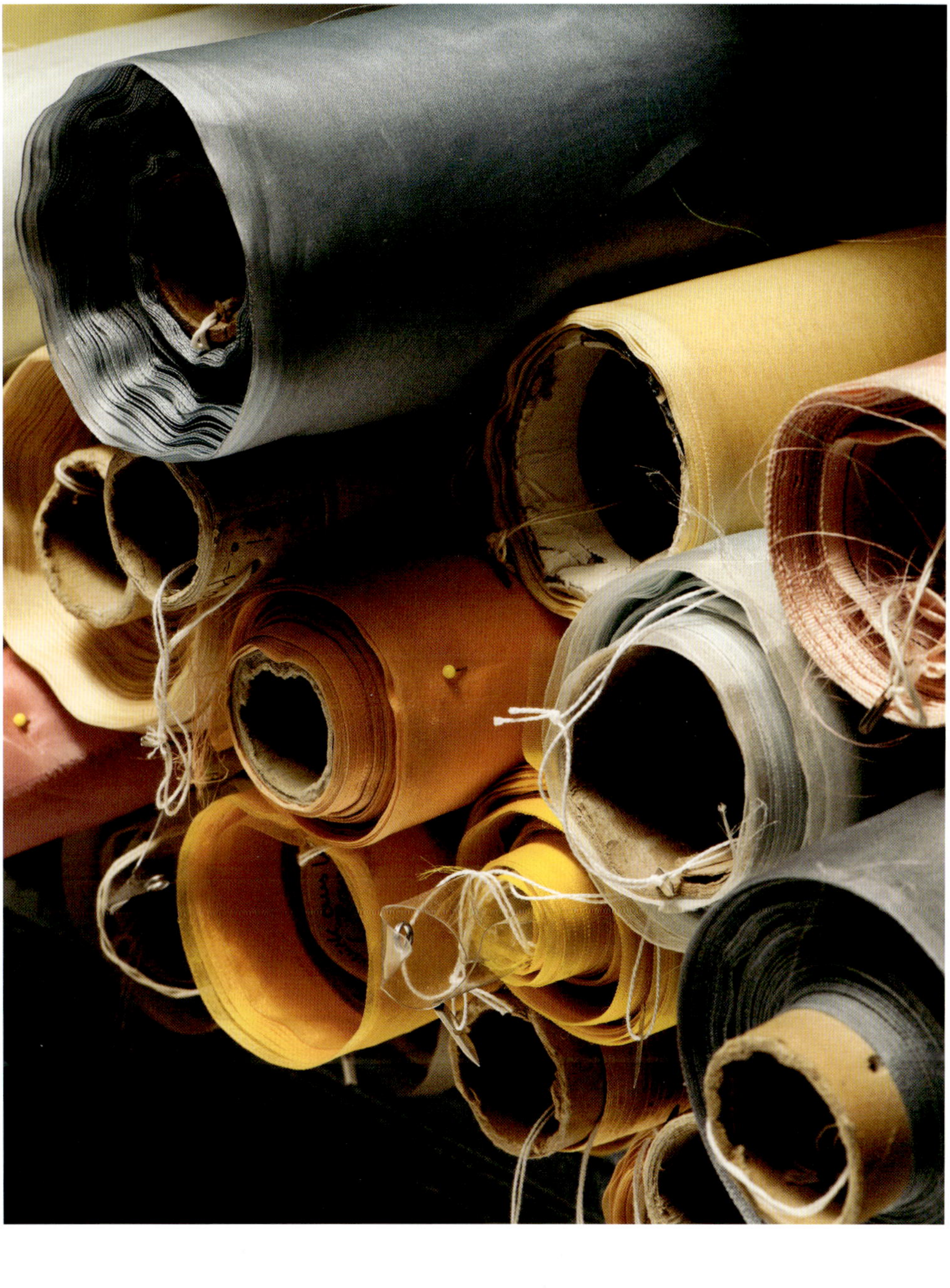

Christin Losta Photographie
Seidenorganza
München 2014

Christin Losta Photographie
Charles James
Metropolitan Museum of Art, The Costume Institute
New York 1999

Tim Mitchell
Sorted clothing ready for export
2005

Tim Mitchell
Importing used clothing for recycling in India
2005

Tim Mitchell
Mutilated hosiery sorted by colour
2005

चैतावनी
खाते में बीड़ी / सिगरेट
पीने वाले को 25/ जुर्माना

Tim Mitchell
Preparing the clothing for shredding
2005

Tim Mitchell
Spinning yarn
2005

Tim Mitchell
Recycled acrylic blankets
2005

Paolo Woods
Pepe T-shirt
Haiti 2013

THE INCRED

I'M IN
VIRGINIA
BITCH
HAITI CHERIE

I'M NOT A
GYNECOLOGIST,
BUT I'LL
TAKE A LOOK

Kiss me
i'm a blonde

The Man
The Legend

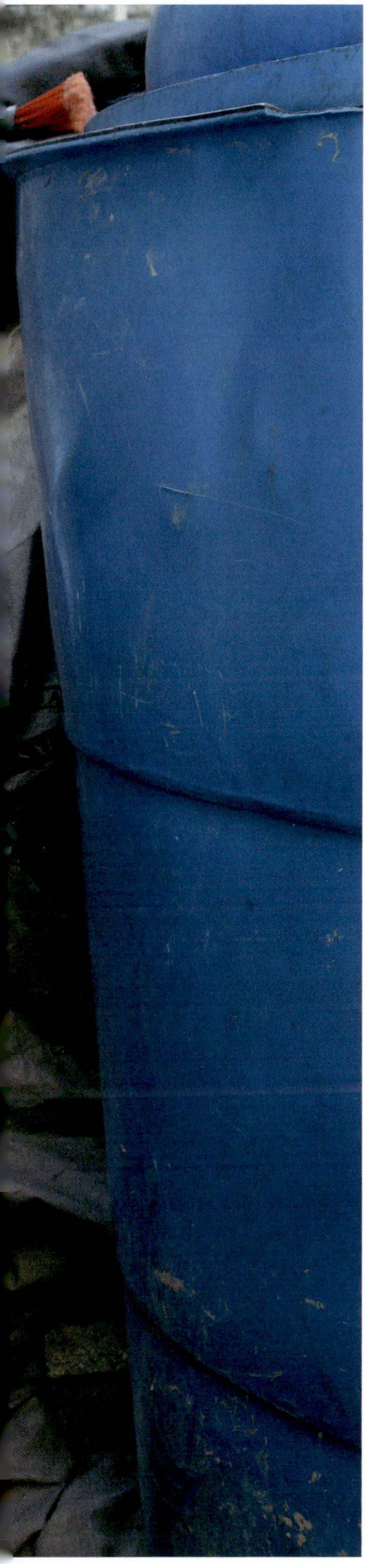

Elisa van Joolen
11"x17" Sweater 'Tultex x moniquevanheist x G-Star RAW x Union Made'
2013 – fortlaufend / ongoing

19 American League 95
LOGO 7

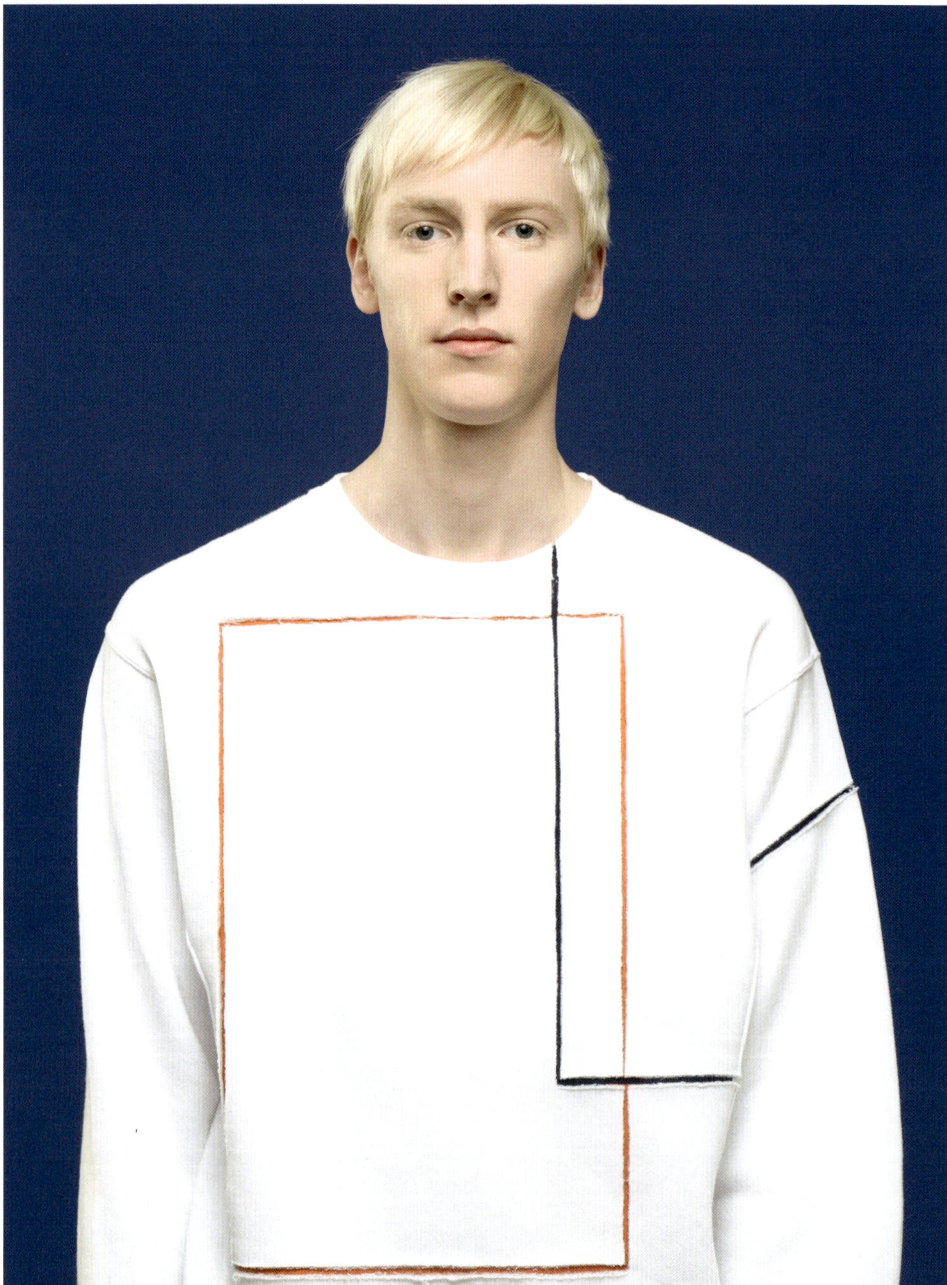

Elisa van Joolen
11"x17" Sweater 'Russell Athletic x Rockwell by Parra x G-Star RAW'
2013 – fortlaufend / ongoing

Elisa van Joolen
11"x17" Sweater 'G-Star RAW x no label x moniquevanheist'
2013 – fortlaufend / ongoing

CENTRAL DIVIS
CHAMPIO
Indian
CLEVELAND

Elisa van Joolen
11"x17" Sweater 'moniquevanheist x Union Made x Tultex x G-Star RAW'
2013 – fortlaufend / ongoing

Manu Washaus
SWEATER – STUDY OF THE POSSIBLE II
2013

Taslima Akhter
Death of a thousand dreams
2013

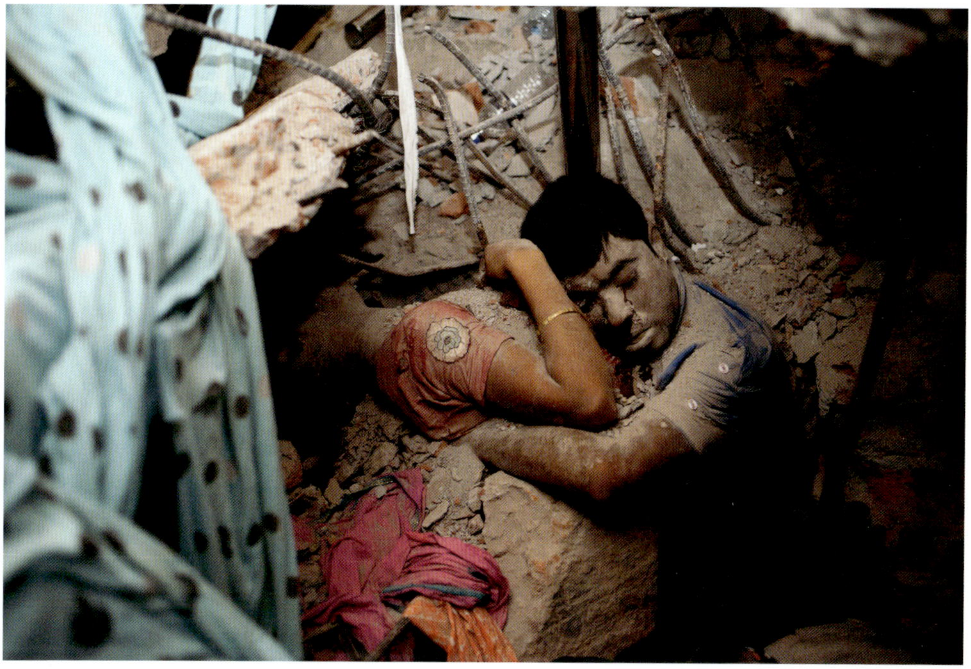

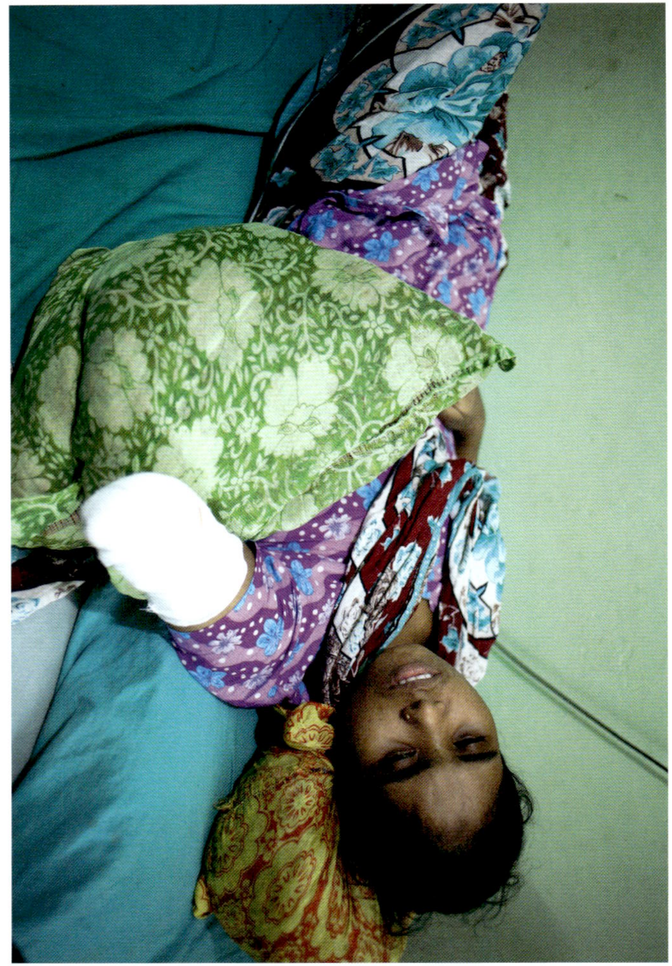

No More Death in RMG
Garment Workers' Solidarity
অবিলম্বে শাস্তি চাই
৬ মাস পার হলো ক্ষতিপূরণের কি হলো?
আর কত শ্রমিক খুন আর কত স্বপ্ন খুন
গার্মেন্ট শ্রমিক সংহতি
সন্ধান চাই
শান্তা আক্তার

Taslima Akhter
The life and struggle of garment workers
2008 – 2010

Susanne A. Friedel
beyond fashion VI
2012

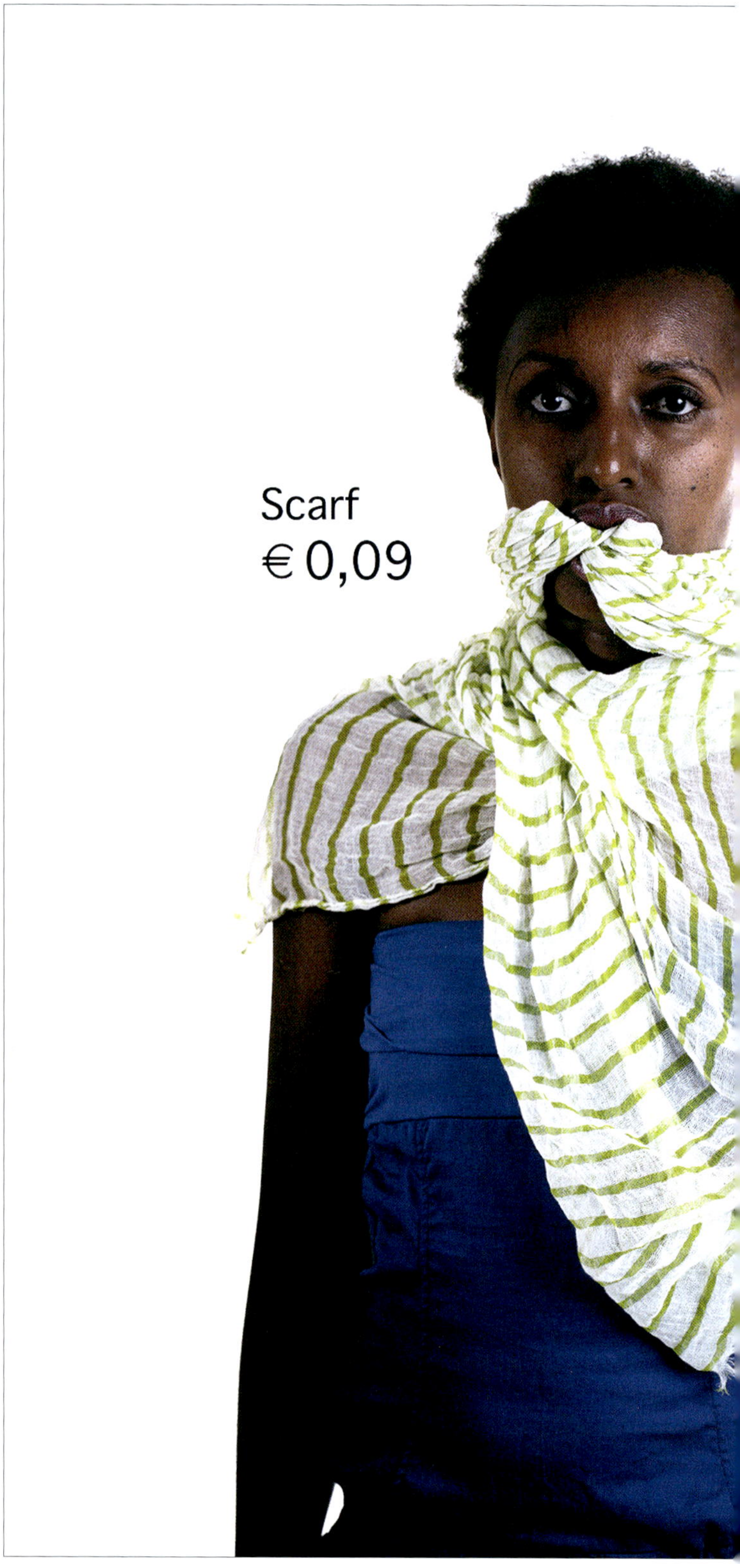

Susanne A. Friedel
beyond fashion III
2012

"When workers try to form or join a trade union, they loose their job. This is the way to keep us quiet."

Alexandra, garment worker in Rumania

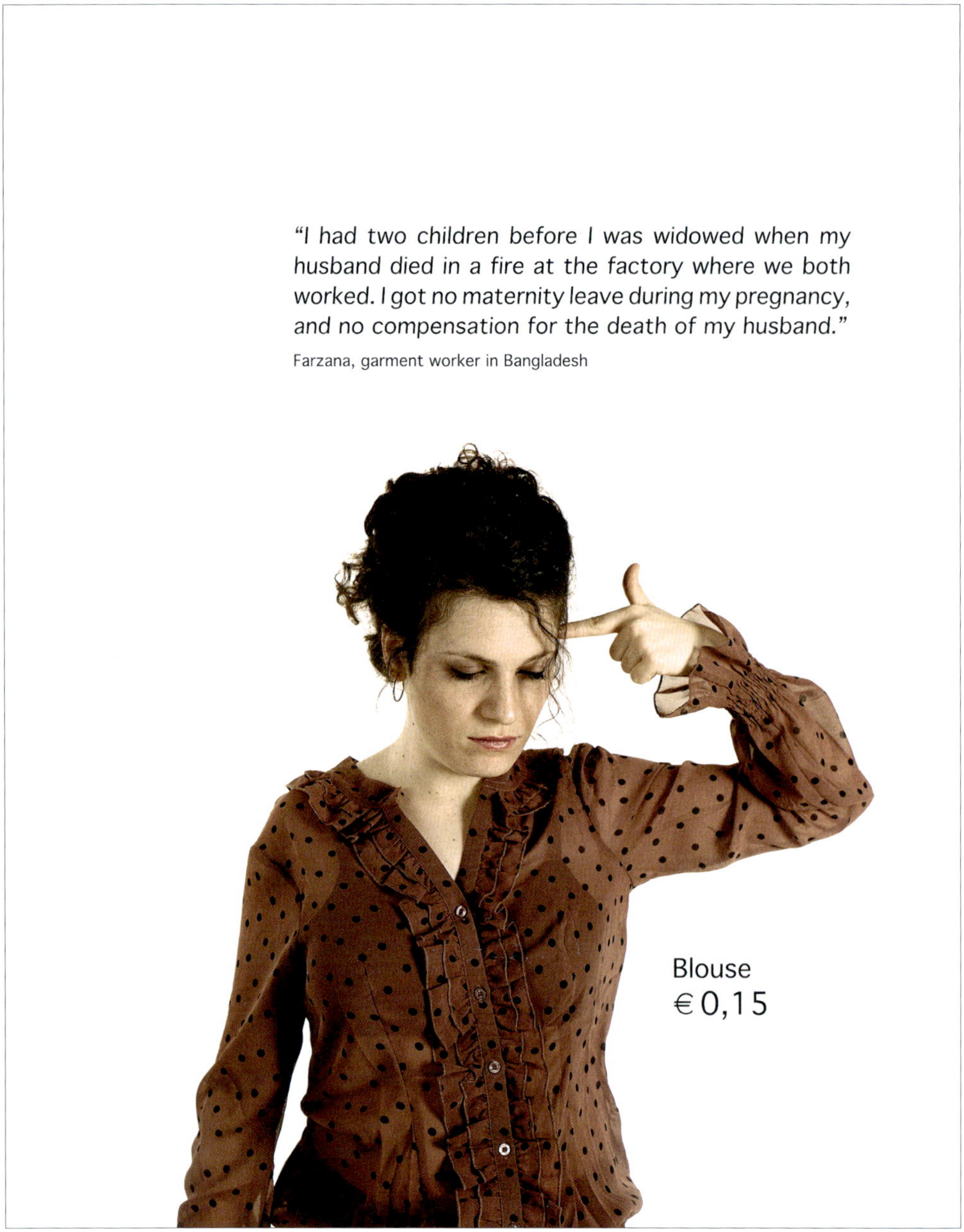

Susanne A. Friedel
beyond fashion I
2012

Exporten an Kleidung im Wert von etwa 15 Milliarden Euro an vor allem westliche Ketten. Damit ist die Textilindustrie die wichtigste (Export-) Branche Bangladeschs mit einem Anteil von 80 Prozent an den gesamten Ausfuhren[3] und ca. 20 Millionen Menschen (etwa ein Achtel der Bevölkerung), die direkt oder indirekt von der Textilindustrie abhängig sind.[4] Hierüber lässt sich eine enge Verbindung herstellen zwischen der Entwicklung der Textilwirtschaft und der Wirtschaft Bangladeschs insgesamt: In dem Zeitraum seit 1990 halbierte sich die Armut (gemessen am Einkommen unter 1,25 USD pro Tag nach den UN Millenniums Zielen) von einer Quote von über 70 auf unter 40 Prozent 2013. Die Lebenserwartung stieg von 60 auf 70 Jahre, die Alphabetisierung der 15 bis 24-Jährigen stieg von 40 auf 80 Prozent, die Zahl der Kinder mit einem Grundschulabschluss stieg von 45 auf 75 Prozent. 85 Prozent der Haushalte haben heute einen Zugang zu sauberem Trinkwasser, gegenüber 68 Prozent in 1990. Und die Kindersterblichkeit sank von 15 auf unter 4 Prozent.[5]

Am Beispiel von Bangladesch, aber auch Ländern wie Myanmar, Kambodscha, Indien und Pakistan, lässt sich nachvollziehbar aufzeigen, dass die Textilwirtschaft eine, im Kontext der Armutsbekämpfung und der gesellschaftlichen Wohlfahrtsentwicklung, durchaus sehr positive Seite hat. Die negative Seite sind soziale Missstände, schlechte Arbeitsbedingungen und Umweltverschmutzungen. Geht das eine ohne das andere? Darauf gibt es keine pauschale Antwort. Sicher ist, dass die industrielle Entwicklung eines Landes ein Weg aus der Armut darstellt – dieser Weg aber immer neue gesellschaftliche Probleme mit sich führt, denen bestenfalls proaktiv und antizipierend zu begegnen ist.

EN

In recent years, the textile industry has gained a remarkably bad reputation. It is not only the frightening images of a factory fire in Bangladesh that scorched through the media two years ago, or reports from the 1990s about children in North African factories sewing footballs that gave many people a negative or 'dirty' impression of the textile industry. It is a fact that local conditions are often catastrophic and that local people and the environment suffer damage. In this respect, we do not intend to marginalise or diminish the problems. The goal of this text is to point at the positive effects of the textile industry from a macroeconomic perspective. For this, a short look at history – or rather at our own history – is worthwhile.

The most significant or even driving sector for industrial development in England and continental Europe (end of the 18th to the middle of the 19th century) was the textile industry. Initial evidence of machine-driven production increases were spinning machine and mechanical loom – for Karl Marx's most important invention of the Industrial Revolution.[1] The economist Joseph Schumpeter argued that industrial history in England between 1787 and 1842 can be traced back to the development of the textile sector.[2] What happened essentially was that the rural population, without much education or training in skilled trades, found work and wages in factories. The national income began to grow and this development has continued for us until today, due to increasingly productive finishing methods, international trade, better training and so on. The problems that we currently hear about in developing and emerging countries, whether these are child labour or polluted rivers, figured to an equal extent in our own industrial history and were no less significant.

Because textile manufacture can offer access to work and wages, in particular to those without education, this industrial sector takes a key role in development-orientated economic policy and is promoted accordingly. A country such as Bangladesh, which is one of the poorest countries in the world, is preferred by the US and the EU for the import of textile products over other countries, so that there are no import duties to be paid. By way of comparison: the import duty on textile products from China amounts to 12 percent. This preferential system was developed in the 1970s under the leadership of the UN and in the 1990s contributed significantly to the development of the textile sector especially in a country such as Bangladesh (following privatisation in 1991). After China, Bangladesh is the second-largest textile producer in the world today, with annual exports of garments to a value of about 15 million euros, most of which are delivered to Western chain stores. This makes the textile industry Bangladesh's most important (export) sector with a share of 80 percent of total exports[3] and approx. 20 million people (around an eighth of the population) who are dependent on the textile industry, directly or indirectly.[4] A close correlation can be drawn here between the development of the textile industry and the overall economy in Bangladesh: in the period since 1990, poverty (defined as income below USD 1.25 per day as per the UN Millennium Goals) halved from a population ratio of over 72 to under 40 percent by 2013. Life expectancy increased from 60 to 70 years; literacy among 15- to 24-year-olds has increased from 40 to 80 percent; the number of children with basic schooling has increased from 45 to 75 percent. 85 percent of households today have access to clean drinking water, compared with 68 percent in 1990, while child mortality has decreased from 15 to below 4 percent.[5]

The example of Bangladesh, also illustrated by countries such as Myanmar, Cambodia, India and Pakistan, plausibly demonstrates that the textile industry does indeed have a very positive impact in the context of fighting poverty and developing social welfare. The negative side features social injustices, poor working conditions and environmental pollution. Can one exist without the other? There is no one single answer. It is certain that a country's industrial development represents a path out of poverty – but that this path always brings with it new social problems, which ideally should be tackled proactively and anticipated.

1 **KARL MARX** Das Kapital, Band / Vol. 1, Marx-Engels-Werke, Band/Vol. 23, Berlin 1962, S./p. 394

2 **JOSEPH SCHUMPETER** Theorie der wirtschaftlichen Entwicklung, Berlin 1912; Neuausgabe hrsg. von / new edition by Jochen Röpke und / and Olaf Stiller, Berlin 2006

3 http://www.bmz.de/de/was_wir_machen/laender_regionen/asien/

4 bangladesh/zusammenarbeit/index.html

5 http://www.bgmea.com.bd/home/pages/Strengths#.VKalsVyazOS

6 Zahlen der Weltbank / Figures by the World Bank

Räumliche Arbeitsteilung
Spatial division of labour

Anke
Hagemann

DE

Nach Anthony D. King basiert jede Form sozioökonomischer Organisation auf sozialer Arbeitsteilung. Diese besitzt immer eine räumliche Dimension und äußert sich auch materiell in Bauten und städtischen Strukturen. Historisch gesehen erstreckte sich räumliche Arbeitsteilung zunächst über einzelne Gebäude oder Ortschaften, dann im regionalen oder nationalen Maßstab und schließlich auf internationaler Ebene. Während sich in der Textilherstellung bereits im 17. Jahrhundert regionale Produktionssysteme herausbildeten, war die globale Dimension spätestens mit der Kolonialwirtschaft erreicht – als etwa der Baumwollanbau in Indien die Grundlage für die englische Textilindustrie bildete.

Mit dem Begriff der „neuen internationalen Arbeitsteilung" wurde dann seit den 1970er Jahren die zunehmende räumliche Aufteilung von Produktionsschritten über Landesgrenzen und Kontinente hinweg beschrieben, die auf ungleichen Voraussetzungen verschiedener Produktionsorte basiert. Dies ging mit der Krise der fordistischen Massenproduktion und der Aufsplitterung und Flexibilisierung vormals vertikal integrierter Produktionsprozesse einher.

Aufgrund der weiterhin arbeitsintensiven Fertigung und der großen Rolle der Lohnkosten ist die globale Arbeitsteilung in der Bekleidungsindustrie besonders ausgeprägt: In den letzten 30 Jahren fand eine starke Verlagerung der Bekleidungsproduktion in die Entwicklungs- und Schwellenländer Asiens statt. Aber auch Produktionsregionen wie Osteuropa und der Mittelmeerraum sowie Mittelamerika haben an Bedeutung gewonnen, da angesichts immer schnellerer Kollektionswechsel kurze Lieferzeiten in die westeuropäischen und nordamerikanischen Märkte zunehmend gefragt sind. Obwohl Kleidungsstücke – im Gegensatz z.B. zu Autos oder Handys – sehr einfache Produkte sind, sind die Produktionsketten sehr komplex und durch ein hohes Maß an Zwischenhandel und Unterbeauftragung sowie ein starkes Gefälle in der Wertschöpfung gekennzeichnet. Die weltweite Produktion wird durch die Einkäufer, die führenden Einzelhändler und Markenunternehmen, dominiert, die sich nur noch auf Design und Marketing als verschlanktes Kerngeschäft konzentrieren. Die so genannte modulare Produktion, die sich unter dem steigenden globalen Wettbewerbsdruck herausgebildet hat, ist z.B. für die Türkei und den südosteuropäischen Raum kennzeichnend:

Große Produktionsunternehmen erhalten Aufträge der Einkaufsunternehmen; sie übernehmen z.B. Mustererstellung, Materialeinkauf und Zuschnitt, sowie die Qualitätskontrolle der Produkte, oft sogar das Design. Die anderen Arbeitsschritte – Nähen, Drucke, Applikationen, Verpackung etc. – werden an kleinere Subunternehmen outgesourct, die sich im gleichen Stadtviertel, oft aber auch in anderen Regionen oder Ländern mit niedrigeren Lohnkosten befinden können. So behält das Produktionsunternehmen eine größere Flexibilität im Umgang mit Auftragsschwankungen, während es die Unsicherheiten an die Zulieferbetriebe weitergibt. Die AuftraggeberInnen (und deren InspektorInnen) können die vollständigen Zulieferstrukturen, die weit in den informellen Sektor hineinreichen können, oft kaum nachvollziehen oder kontrollieren. Diese Form der Arbeitsteilung schlägt sich auch im städtischen Charakter der einzelnen Produktionsstandorte und den baulichen Situationen nieder: Dieselben Produkte können (nacheinander) in Hightech-Großfabriken an den Stadträndern, in innerstädtischen Druckwerkstätten, in Keller-Sweatshops und in den Wohnungen von HeimarbeiterInnen bearbeitet werden. Die Bekleidungsproduktion erfordert nur vergleichsweise niedrige Investitionen an einzelnen Standorten; sie kann in verschiedenartigen Räumen stattfinden, schnell eingerichtet und schnell wieder aufgegeben werden, und so auch räumlich der dynamischen Marktsituation folgen.

EN

According to Anthony D. King, every form of socioeconomic organisation is based on the social division of labour. This always has a spatial dimension and in material terms is expressed in buildings and urban structures. From an historical perspective, the spatial division of labour initially comprised individual constructions or localities, then moved to a regional or national scale and finally reached the international level. While regional production systems were already apparent in the 17th century in the textile trade, these first achieved a global dimension with colonialisation – when cotton cultivation in India provided the basis for the English textile industry, for instance.

The term 'new international division of labour' describes the increasing spatial division of production steps beyond national borders and continents since the 1970s, based on the unequal production conditions between differing production locations. This accompanied the crisis in fordian mass-production as well as the splitting up and flexibilisation of former vertically integrated production processes.

Given the continued manual labour-intensive production model and the major role of wage costs, the global nature of labour distribution in the clothing industry stands out. The last 30 years have seen a strong migration of clothing production to the developing and newly industrialising countries of Asia. However, manufacturing regions such as Eastern Europe, the Mediterranean and Central America have also grown in importance, given the very short delivery times increasingly demanded by the ever faster fashion-collection cycles in the Western European and North American markets. Although garments – in contrast to cars or mobile phones – are very simple products, the production chains are highly complex and characterised by a high degree of intermediary trade and subcontracting, as well as a yawning gap between the beneficiaries of the value chain. Global production is dominated by the commercial buyers, the leading retailers and major brand companies who focus only on design and marketing as a streamlined core business. So-called 'modular' production, which has arisen as a result of increasing global competitive pressure, characterises Turkey and the south-eastern European region:

Large manufacturing companies receive orders from the buying companies; they assume responsibility for samples production, fabric procurement and garment styles, as well as product quality control and often even design. The remaining work steps – sewing, printing, appliqués, packaging etc. – are outsourced to smaller sub-manufacturers which may be in the same neighbourhood but are often in other regions or countries with lower wage costs. In this way, the manufacturing companies maintain higher flexibility when managing order-flow fluctuations and pass on this uncertainty to their sub-manufacturers. The customer companies (and their inspectors) are often unable to find out or monitor their full supplier structures, as these can reach deep into the unregulated sector. This form of the division of labour also impacts the urban character of the individual production locations and the nature of their buildings: the very same products can be (in turn) processed in large, high-tech factories on the city outskirts, in inner-city print workshops, in basement sweatshops and even in the apartments of workers at home. Clothing production requires only comparatively low investment in individual locations; it can take place in a wide variety of spaces, can be set up quickly and can therefore also adapt in terms of space to the dynamic market situation.

Städtische Raumproduktion in der Bekleidungsindustrie am Beispiel Istanbul

The production of urban space in Istanbul's clothing industry

Anke Hagemann

DE

Die stark aufgegliederte räumliche Arbeitsteilung in der Bekleidungsindustrie lässt sich auch an den städtischen und baulichen Situationen ihrer Produktionsstandorte ablesen. Besonders deutlich wird dies an einer Stadt wie Istanbul, dem größten Zentrum der Bekleidungsindustrie in den EU-nahen Produktionsregionen. Die Türkei ist mit ihrer wirtschaftlichen Liberalisierung ab 1980 zu einem der weltweit wichtigsten Exportländer für Bekleidung aufgestiegen, und in Istanbul konzentriert sich ein Großteil der türkischen Produktion. Hier versammeln sich fast alle Stufen der Wertschöpfungskette: von Modefirmen mit eigenen Brands, über internationale Modemessen, Großhandel, Einkauf und Auftragsabwicklung, über Produktionsbetriebe aller Größen und Ausrichtungen bis hin zu unzähligen Zulieferbetrieben, Sweatshops und Heimarbeitsnetzwerken. Die Stadt ist ein anschauliches Beispiel dafür, wie sich die arbeitsteiligen Produktionsnetzwerke über weite Teile des Stadtgebiets erstrecken und einzelne Stadträume auf unterschiedliche Weise prägen. Davon können bereits TouristInnen einen Eindruck bekommen, wenn sie nur ein paar Seitenstraßen von den üblichen Sightseeing-Strecken abweichen. In der direkten Umgebung des Basars und der großen historischen Bauten auf der Halbinsel Eminönü finden sich einzelne Bereiche und Straßenzüge, die jeweils der Herstellung und dem Handel einer spezifischen Produktgruppe gewidmet sind – so z.B. der Schuhproduktion wie auch dem Großhandel mit Leder, Sohlen, Absätzen und fertigen Schuhen.[1] Der Stadtteil Laleli im Westen Eminönüs hat sich in den 1990er Jahren vor allem zu einem Produktions- und Umschlagplatz für den Kofferhandel mit osteuropäischen KleinunternehmerInnen entwickelt – mit allen notwendigen Infrastrukturen wie Hotels, Restaurants und Kleintransport-Angeboten für die HändlerInnen. Neben dem traditionellen Großhandelsstandort auf der historischen Halbinsel haben sich seit den 1980er Jahren weitere zentrumsnahe Gebiete zu hochverdichteten Großhandelszentren für bestimmte Marktsegmente entwickelt: Nördlich des Zentrums, nahe dem alten Produktionsareal Bomonti, wo sich bis heute kleinere Bekleidungsfabriken wie auch Firmensitze größerer Produzenten befinden, wurde das Gründerzeitviertel Osmanbey zu einer Art Dauermesse für feierliche Abendmode umfunktioniert.[2] Die Kundschaft – viele KofferhändlerInnen im High-End-Bereich – kommt vor allem aus dem postsowjetischen und arabischen Raum. Die Showrooms in den unteren Geschossen wenden sich mit aufwendigen Ladenfronten offensiv dem Straßenraum zu, während die oberen Geschosse unter anderem zu Lagerzwecken (um)genutzt werden. Wesentlich ausgedehnter ist das Großhandelszentrum Merter, das sich in einem früheren Gewerbegebiet mit mehrgeschossigen Fabrikgebäuden westlich der Innenstadt etabliert hat.[3] Hier wird eher mit einfacher Bekleidung und mit europäischen EinkäuferInnen gehandelt. Auch in Merter hat sich aus dem Umbau der Fabrikgebäude eine eigenständige, stark extrovertierte Showroom-Bautypologie mit effektvollen Fassadengestaltungen herausgebildet. Im nördlichen Bereich des Viertels wird in großem Maßstab mit unterschiedlichsten Kurzwaren gehandelt, während man in den Seitengassen noch kleine Fabriken antreffen kann.

Die großen Produktionsunternehmen haben meist ihr Hauptquartier in Istanbul – so etwa in ehemaligen Produktionsgebieten wie Bomonti, Merter oder Yenibosna. In Yenibosna haben sich auch viele Büros global agierender Einkäufer angesiedelt.[4] Ihre eigentliche Fabrikproduktion haben die Unternehmen aber oft in Industriegebiete weit außerhalb Istanbuls ausgelagert. So wurden in der ländlichen Region Tekirdağ in den letzten 15 Jahren eine ganze Reihe großmaßstäblicher Textil- und Bekleidungsfabriken entlang der Hauptverkehrsroute in die EU errichtet, viele nahe der Stadt Çorlu.[5] Hier gibt es z.B. Fabriken, in denen in hoher Stückzahl komplette Jeanshosen – vom Zuschnitt über Nähen, Nieten, Waschen und diverse Nachbearbeltungstechniken (für den vorherrschenden Vintage-Look) bis hin zur Qualitätskontrolle und Verpackung – unter einem Dach produziert werden. Der typischere Fall ist es aber, dass spezielle und arbeitsaufwändige Arbeitsschritte an eine Vielzahl kleinerer Subunternehmen weitergegeben werden. Diese finden sich überall im Stadtgebiet Istanbuls, wo billige Arbeitskräfte verfügbar sind – oft allerdings auch in der südostanatolischen Provinz oder in anderen Ländern wie Bulgarien, Ägypten und Marokko. In Istanbul ist vor allem der Westteil der Stadt von kleinen und mittleren Zulieferbetrieben und Sweatshops durchsetzt. Die Bekleidungsproduktion absorbiert bis heute einen Großteil der ZuwandererInnen aus Anatolien, vor allem der Frauen, und sie befindet sich oft im direkten Wohnumfeld der ArbeiterInnen, den informell entstandenen und dicht überbauten Gecekondu-Quartieren, wie etwa Zeytinburnu oder Güneşli. Viele der kleinen Betriebe sind in Kellern oder Souterrains von Wohnhäusern untergebracht – *merdivenaltı*, „unter der Treppe“, ist der türkische Ausdruck für informelle Produktion.[6] Die große Zahl unregistrierter Arbeitskräfte bildet das Rückgrat der türkischen Bekleidungsproduktion. Frauen aus traditionellen Familien dürfen oft nur in kleinen Familienbetrieben arbeiten. Oder sie bleiben ganz auf das Haus beschränkt – in diesem Fall müssen sie dann als Heimarbeiterinnen zum Familienunterhalt beitragen.[7] Die Heimarbeiterinnen werden von Mittelsmännern in Netzwerken organisiert und sie sind über mehrere Stufen durchaus mit globalen Produktionsketten verknüpft. Um die Materialien und halbfertigen Kleidungsstücke von einer städtischen Produktionsstation zur nächsten zu bringen, durchkreuzen unzählige Kleintransporter permanent die Stadt.

EN

The heavily subdivided spatial division of labour in the clothing industry can also be seen from the urban development and use of buildings in the production locations. This is particularly evident in the case of a city like Istanbul, the biggest centre for the clothing industry in the producing regions close to the EU. Turkey, where economic liberalization started in 1980, has risen to become one of the most important export countries for clothing anywhere in the world, and a large part of Turkish production is concentrated in Istanbul. Almost all stages of the value chain meet here: from fashion companies with their own brands via international fashion fairs, wholesaling, purchasing and order processing, production facilities of all sizes and orientations, right down to innumerable small subcontractors, sweatshops and networks of home workers.

The city is a striking example of how the different parts of the production networks can be distributed over widely separated districts of the city, thus influencing the character of the different urban areas in different ways. Even as a tourist, it is possible to gain an impression of this if you just stray a few streets away from the normal sightseeing itinerary. Just around the corner from the bazaar and the magnificent historical edifices on the Eminönü peninsula there are specific areas and streets each devoted to the manufacture of or trade in a certain product group – e.g., shoe-making or the wholesale selling of leather, soles, heels and finished shoes.[1] In the 1990s, the district of Laleli in western Eminönü became above all a production location and transshipment point for the shuttle trade with Eastern European street traders, with all the necessary infrastructure such as hotels, restaurants and small-scale transport facilities for the traders. Alongside the traditional wholesaling hub on the historic peninsula, further areas close to the centre have developed into highly concentrated centres of the wholesale trade for particular market segments since the 1980s: to the North of the city centre, near the old production district of Bomonti, where some smaller clothing factories as well as the headquarters of bigger producers still linger, the district of Osmanbey with its 19th century flair has been reinvented as a kind of permanent trade fair for formal evening wear.[2] The clientele – many of them street traders of high-end products – come first and foremost from the former Soviet republics and the Arab World. The showrooms on the lower floors with elaborate shop window displays aggressively dominate the view from the street, whereas the upper storeys have been converted for use, among other things, as storerooms. The wholesale hub of Merter, which has grown up in what used to be an industrial estate with multi-storey factory buildings to the West of the city centre, is even more extensive.[3] Here, the accent is more on relatively simple apparel traded with European purchasers. In Merter, too, the conversion of factory buildings has led to a building typology with a character on its own, typified by blatantly extrovert showrooms with spectacular facades. The northern part of the quarter has become a large-scale centre for commerce in all imaginable types of haberdashery wares, while small factories are still to be found in the back alleys.

The large production firms mostly have their headquarters in Istanbul – typically in the former manufacturing districts such as Bomonti, Merter or Yenibosna. Many globally active purchasers have also established their offices in Yenibosna.[4] These firms, however, have often relocated their actual production facilities to industrial areas a long way outside of Istanbul. The rural district of Tekirdağ, for instance, has erected a whole series of large-scale textile and garment factories along the main transport route to the EU over the last 15 years, many of them near the city of Çorlu.[5] There are factories here in which, just to give an example, large quantities of jeans – including cutting, sewing, fitting the studs, washing and various post-processing techniques (for the prevailing vintage look) up to quality control and packaging – are produced under one roof. Much more typical, however, is the farming out of special and work-intensive individual production steps to a multitude of small subcontractors. These can be found everywhere in the Istanbul urban area, where cheap labour is easy to find – but often also out in the provinces of southern Anatolia or in other countries such as Bulgaria, Egypt and Marocco. In Istanbul, it is above all the western part of the city which is full of interspersed small and medium subcontracting firms and sweatshops. To this day, clothing production absorbs the majority of workers of both sexes who come from Anatolia looking for work, especially the women, and it is often located directly in the residential areas where the workers live, the densely overbuilt Gecekondu quarters erected without official planning permission such as Zeytinburnu or Güneşli. Many of the tiny firms are housed in the cellars or basements of residential apartments – *merdivenaltı*, "under the stairs", is the Turkish expression for "informal" production.[6] The large numbers of unregistered workers are the backbone of Turkish clothing production. Women from traditional families are often only allowed to work in small family businesses. Or they remain confined entirely to the home – in this case they then have to play their part in earning the family's living as home workers.[7] These women home workers are organized in networks by middlemen and are undeniably linked at several removes into the global production chains. Swarms of vans unceasingly crisscross the city bringing materials and half-finished garments from one stage of the production process to the next.

KARTE

Beispielhafte Standorte der Bekleidungsindustrie in Istanbul. Zeichnung: Anke Hagemann

KARTENLEGENDE

1 **Eminönü, Laleli: Großhandel, Produktion**
2 **Osmanbey, Bomonti: Großhandel, Produktion, Headquarters**
3 **Merter: Großhandel, Produktion**
4 **Yenisbosna: Einkaufsbüros und Headquarters**
5 **Çorlu (Region Tekirdağ): Großfabriken, Jeansproduktion**
6 **Zeytinburnu: Zulieferbetriebe, Großhandel**
7 **Güneşli: Zulieferbetriebe, Heimarbeit**

MAP

Typical locations of the clothing industry in Istanbul. Drawing: Anke Hagemann

LEGEND

1 Eminönü, Laleli: wholesaling, production
2 Osmanbey, Bomonti: wholesaling, production, headquarters
3 Merter: wholesaling, production
4 Yenisbosna: purchasing offices, headquarters
5 Çorlu (Tekirdağ District): large production plants, jeans manufacture
6 Zeytinburnu: subcontractors, wholesaling
7 Güneşli: subcontractors, homeworking

Lieferkette in der Bekleidungsindustrie

Supply chain in the clothing industry

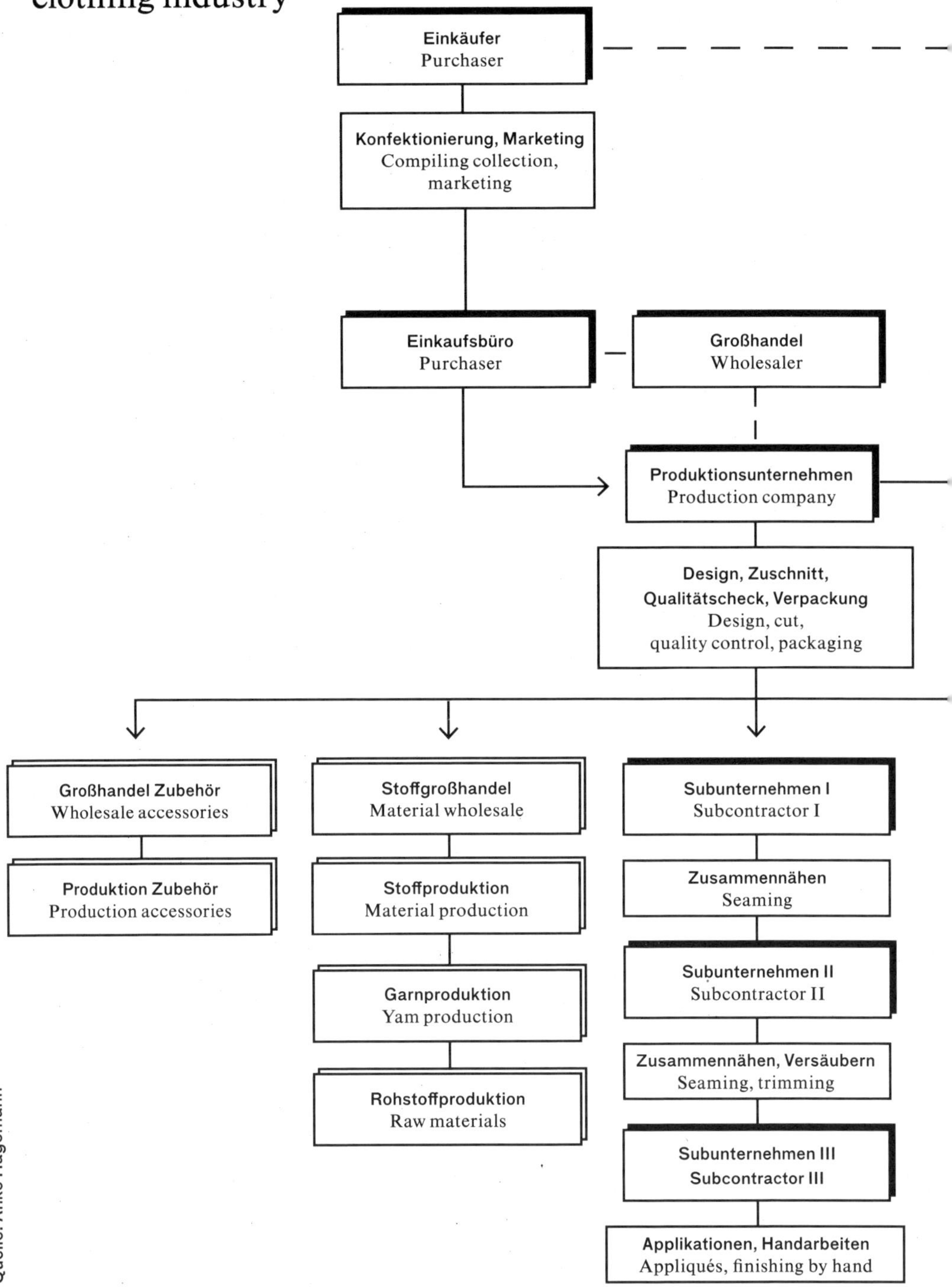

Quelle: Anke Hagemann

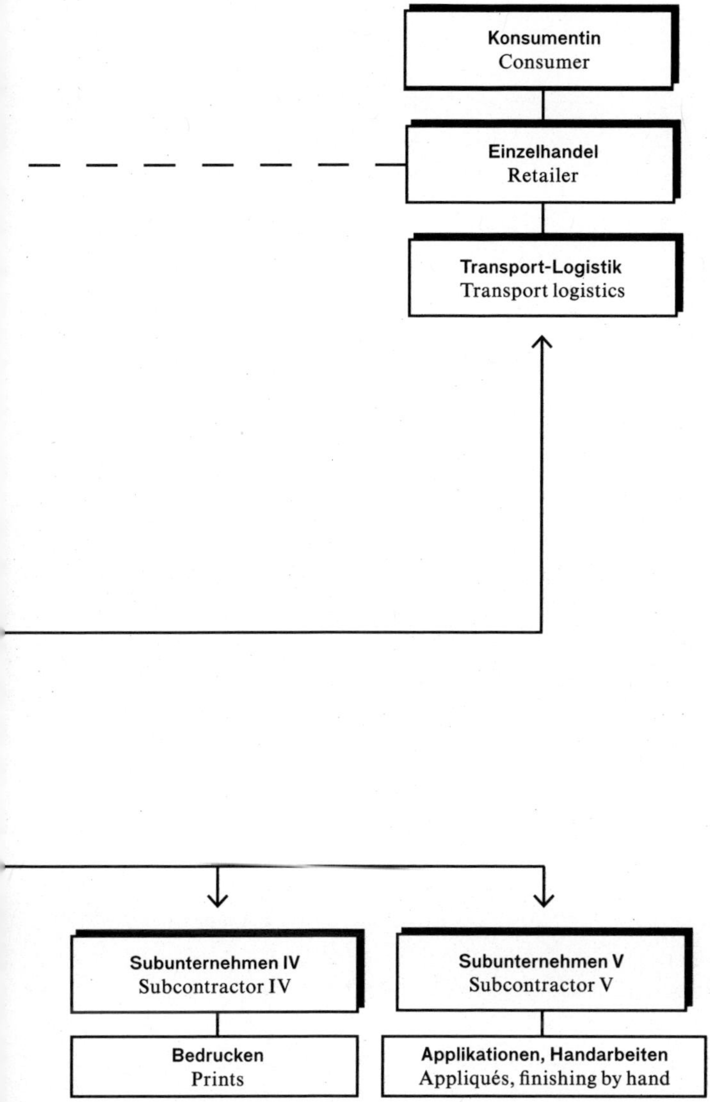

Typische Produktionskette mit Full-Package-Lieferanten in der Türkei

Typical production chain with full-package-suppliers in Turkey

Vertikalisierung in der Fast Fashion
Verticalisation and Fast Fashion

Patrick
Kugler

DE

Vertikales Produktmanagement in der Modebranche bedeutet heute die Steuerung der textilen Versorgungskette vom Handel aus. Was dort heute abverkauft wird, soll im Hintergrund mit neuen modischen Inhalten zum gleichbleibenden niedrigen Preis bereits nachproduziert worden sein. Am nächsten Tag wird auf der gleichen Verkaufsfläche eine „neue Welt" installiert und die Stoppuhr wird auf 00:00 gesetzt. Nur durch entsprechende Prozessoptimierung und Reduzierung von Pufferzeiten können heute textile Produkte in weniger als zwei Wochen vom Entwurf bis zur Auslieferung entwickelt werden. Textile Flächen wie Stoffe und Wirkwaren aber auch Zutaten wie Knöpfe und Reißverschlüsse sind häufig schon vorproduziert. Die Form wird über Schnittführung, die Farbe über Muster (Digitaldruck) oder Flächenfärbungen kurzfristig festgelegt.

Auch können neutral gefertigte Bekleidungsteile komplett eingefärbt werden. Die Massenproduktion erfolgt in globalisierten Nähereien mit einer maximalen Durchlaufzeit von 1 bis 2 Tagen. Die Folge ist häufig die Erweiterung der Kapazitäten in Form von 10-16 Stunden Tage für die einzelnen MitarbeiterInnen an der Nähmaschine.

Diese Mehrarbeit wird im Rahmen der Entlohnung nur teilweise oder gar nicht berücksichtigt. Hinzu kommt die gängige Vorgehensweise im Rahmen der Beschaffung bei der Festlegung von Preisen. Die heutigen Einkäufer verhandeln mit ihren weltweiten Lieferanten „Paket" Preise. Diese Preise enthalten neben den Komponenten wie textile Flächen, Zutaten, Verpackungen; Fracht, Versicherung usw. auch die Produktionskosten. Dieser einzelne Baustein mit den dazugehörigen Fertigungszeiten des textilen Produktes wird in der Regel nicht einzeln betrachtet. Die Beurteilung, ob hier alle Verarbeitungsschritte sozialverträglich berücksichtigt sind entfällt. Auch diese Praxis unterstützt die Niedriglohn Situation in den Produktionsländern weltweit.

EN

Today, 'vertical' product management in the fashion industry means managing the textile supply chain from a retail-led perspective. Garments on sale will have already have been reproduced in the background to include new, fashionable details and manufactured at the same low price. Suddenly, a 'new world of fashion' appears the very next day in the very same store and the whole process starts over again. It now takes less than two weeks for textile products to go from the design stage to being ready for delivery – something only made possible through process optimisation and buffer-time reduction. Textiles such as fabrics and knitwear as well as other component parts such as buttons and zips are already often produced in advance. Everything is defined at short notice, from the pattern-cut shape, to the colour according to samples (digital printing) or block colours. Neutral-coloured sections of clothing can also be batch-dyed. Items are mass-produced in globalised sewing workshops with a maximum turnaround time of 1 to 2 days. This often results in production capacities being increased, with each worker spending 10-16 hour days at the sewing machine.

If workers are fortunate to have overtime paid at all, it is only partly included in wages. On top of this, there is the established buying procedure when agreeing prices. Today's buyers negotiate with their global suppliers using ‚package' prices. Besides the components such as textile materials, component parts and packaging, these prices also include freight, insurance as well as the production costs. These individual elements together with the associated production times of the garment are not usually considered separately. There is no assessment as to whether all processing steps have been incorporated in a socially acceptable way either. This is a practice that also does nothing to eliminate the low-wage situation in production countries across the world.

Die Intransparenz der textilen Kette

The intransparency of the textile chain

Jamil
Bhuiyan

DE

Vor gerade mal zwei Jahrzehnten waren es wenige Modeunternehmen, die sich mit Themen sozialer und ökologischer Nachhaltigkeit auseinander gesetzt haben. Aufträge wurden an Produzenten vergeben, ohne wirklich zu wissen, wie und unter welchen Umständen bei diesen Bekleidung hergestellt wurde.

Zwanzig Jahre später hat das Fabrikunglück von Rana Plaza in Bangladesch (2013) viele Fragen, die Textil- und Bekleidungsproduktion betreffend, aufgeworfen. Nicht nur nach den konkreten Ursachen einer solch erschütternden Katastrophe wurde gefragt, sondern auch, weshalb viele Unternehmen angeblich nicht wussten, dass ihre Bekleidung in Rana Plaza hergestellt wurde.

Gründe für die Intransparenz der textilen Kette sind schnell gefunden. Viele Textilkonzerne vergeben immer noch Aufträge an lokale Lieferanten, die versuchen, möglichst günstiger als die Konkurrenz zu sein. Es herrscht ein enormer Preisdruck, sodass Aufträge oftmals an Subunternehmen weitergegeben werden. Zur Folge hat dies, dass die Lieferketten undurchsichtiger werden, da die auftragsvergebenden Textilkonzerne nicht in Kenntnis gesetzt werden, wo ihre Waren schlussendlich hergestellt werden. Welche Zustände in den Produktionsstätten herrschen ist ihnen daher meist nicht bekannt.

Strikte oder gar fehlende Richtlinien seitens der Auftraggeber über regelmäßige Inspektionen und Qualitätskontrollen durch eigene Mitarbeiter oder unabhängige Prüfinstitute (Drittdienstleister) erleichtert es schwarzen Schafen solche Wege zu gehen. Bei angekündigten Inspektionen sind Produzenten wiederum in der Lage die fertige Ware von Subunternehmern zu beschaffen und eigene Näherinnen mit der Fertigung einiger Teile zu beschäftigen, um den Eindruck zu erwecken, alle Teile in der eigenen Fabrik produziert zu haben.

Eine räumliche Trennung erschwert die Vertrauensbildung zwischen Produzent und Abnehmer. Gibt es in den Herstellerländern beispielsweise keine lokale Repräsentanz der Bekleidungsunternehmen, sei es durch eigene Mitarbeiter oder beauftragte Vertreter, beeinträchtigt dies nicht nur die Kommunikation sondern auch das gemeinsame Verständnis über Standards ökologischer und sozialer Art. Geschäftliche Beziehungen sollten somit mehr als „einfache Geldzahlungen gegen fertige Produkte" verstanden werden. Sie bedürfen Investition und Pflege, wie regelmäßige Lieferantenbesuche, Schulungen und Gespräche über aktuelle Herausforderungen in der Rohwaren-Zulieferung, Produktion oder Logistik.

Viele Bekleidungsunternehmen haben sich daher der „direkten Beschaffungspolitik" angenommen und versuchen die indirekten Beschaffungswege abzubauen. Darunter versteht man z.B. die Warenbeschaffung

über Agenten oder Textilimporteure. Um ihr eigenes Geschäft zu schützen, gewähren diese meist keine tiefen Kenntnisse in ihre eigenen Einkaufsstrukturen. Auftraggeber kommunizieren somit kaum direkt mit den eigentlichen Produzenten, sondern stehen in Kontakt mit Agenten und Textilimporteuren. Das hat zur Folge, dass ein Einblick in die komplette Lieferkette verwehrt bleibt. Dies erschwert Themen wie Nachhaltigkeit oder Unternehmensverantwortung über alle Prozesse hinweg zu implementieren.

EN

Only just two decades ago only a few fashion chains dealt with questions of social and ecological sustainability. Orders were placed with producers without knowledge of how and under what conditions the garments were actually produced.

Twenty years on, the factory disaster of Rana Plaza in Bangladesh (2013) has raised many questions about the production of textiles and garnments. Questions were not only asked about the specific causes of such an appalling catastrophe, but also why so many companies purportedly did not know that their garments were manufactured in Rana Plaza.

Reasons for the intransparency of the textile chain are soon found. Many textile companies still place orders with local suppliers, who try to keep their prices lower than their competitors, with all means possible. The price pressure is enormous, so that orders are often passed on to subcontractors. This has the result that the supply chains become more opaque, since the ordering textile companies are not told where their goods are in the end produced. For this reason they mostly do not know what conditions prevail in the production facilities.

Lax or even non-existent guidelines on the part of the principal concerning regular inspections and quality control tests by their own employees or independent test institutes (third party service providers) make it easy for black sheep to use such channels. When inspections are announced beforehand, it is no problem for the producers to procure finished goods from subcontractors and to get their own sewing machine operators to finish off a few units, thus creating the impression that all the elements have been produced in their own factory.

The geographical distance makes it more difficult for producer and purchaser to develop a relationship of trust. For instance, if the clothing company has no local representative office in the producer countries, either staffed by his own employees or an agent, this not only impairs communication, but also a common approach to ecological and social standards. Business relations should therefore be seen as much more than just "money paid for finished products". They need investment and careful nurturing, such as regular visits to the supplier, training seminars and discussions about current challenges in the supply of raw materials, production schedules or logistics.

Many clothing companies have for this reason adopted a "direct procurement policy" and are trying to phase out the indirect supply chains. By this, we understand e.g. the procurement of goods via agents or textile importers. In order to protect their own business, these mostly avoid allowing too deep a glimpse into their own purchasing structures. The principals thus hardly have any direct communication with the actual producers, but are in contact with the agents or textile importers. The consequence of this is that any insight into the entire supply chain is blocked. This makes it difficult to implement matters such as sustainability or corporate responsibility across the board in all processes.

Die globale Second-Hand-Bekleidungswirtschaft

The Global Second-hand Clothing Economy

Lucy Norris

DE

Was wird aus all den nicht mehr gebrauchten Kleidungsstücken, die wir bitte, bitte recyceln sollen? Je nach Wohngegend reichen wir sie an Wohltätigkeitsläden weiter, versenken sie in Wertstofftonnen für Textilien, oder geben sie sogar gegen einen Nachlass auf unseren nächsten Kauf in dem Geschäft ab, wo wir sie gekauft haben. Einige Wohltätigkeitsorganisationen sortieren selbst die besten Stücke aus und verkaufen sie weiter in eigenen Läden oder online, um Geldmittel zu generieren (Oxfam, Humana), aber die meisten erhalten einen kleinen Obolus pro Kilo von den kommerziellen Textil-Recyclingunternehmen, die die Sammlungen organisieren und betreiben.

Textil-Recyclingunternehmen haben heute die früheren Lumpensammler ersetzt, die von Dorf zu Dorf fuhren, Altkleider sammelten und neue Märkte erschlossen. Der Großhandel mit Altkleidern ist mindestens seit dem frühen 19. Jahrhundert in Europa und Nordamerika bekannt. Die Kleidungsstücke werden in die Kolonien weltweit exportiert. Seit die Anschaffung von Neukleidung aber immer günstiger wird, kaufen die Verbraucher in Nordamerika und Westeuropa immer weniger aus zweiter Hand. Heutzutage wird lediglich ein Fünftel der Altkleider in der Ersten Welt verkauft, in der sie gesammelt werden. Ungefähr zwei Drittel davon werden in die Schwellen- und Entwicklungsländer exportiert und dort auf den lokalen Märkten weiterverkauft.

In den riesigen Lagerhallen der Textil-Recyclingunternehmen werden hochkomplexe Sortiersysteme betrieben, bei denen die Säcke mit Altkleidern sortiert und in hunderte, klar abgegrenzte Kleidungskategorien umsortiert werden. Die Mitarbeiter werden darin geschult, Marken, Stile und Stoffe zu erkennen, die für bestimmte Nischenmärkte geeignet sind – etwa ein nur einmal vorhandenes Retro-T-Shirt für einen japanischen Sammler oder ein Container voller Jeanshosen der gleichen Marke für den westafrikanischen Markt.

Nach dem Sortieren werden die Kleidungsstücke in riesigen Ballen mit einem Gewicht von 500 oder 1000kg zur Verschiffung an ihren nächsten Zielort vakuumverpackt. Hochwertige Marken gehen eher nach Osteuropa, um von dort weiter nach Russland und in noch entferntere Regionen exportiert zu werden; Sommerbekleidung guter Qualität wird nach Afrika verkauft, während die Stücke minderer Qualität nach Südasien geschickt werden. Recyclingfirmen bemühen sich, für alles einen Markt zu finden, aber ca. 15 Prozent werden zum Weiterrecyceln statt zur Wiederverwendung gegeben, und 5 Prozent werden entsorgt, weil die Altkleidung zu nass oder schmutzig ist.

2012 bezifferte die UN Comtrade Datenbank den Gesamtwert des weltweiten Handels auf vier Milliarden Dollar; 2013 gehörten die USA, Großbritannien, Deutschland, Südkorea und Belgien zu den fünf größten Exporteuren. Die fünf größten Importländer waren Russland, Pakistan, Malaysia, die Ukraine sowie Indien. Da die internationalen Handelsvorschriften sich ständig weiterentwickeln und billige Arbeitskräfte in den Entwicklungsländern zu finden sind, entstehen neue Umschlagplätze für die Sortierung von Altkleidern in aller Welt, vornehmlich in Sonderwirtschaftszonen und Freihäfen, wodurch die Transportwege der Exporte sehr schwer nachzuspüren sind. Mehr als 20 Länder haben die Einfuhr von Altkleidung aus Angst vor der Übertragung von Krankheiten oder befürchteten Einbußen für die einheimischen Textilbranchen verboten. Trotzdem kommen erhebliche Mengen Altkleider auf dem schwarzen Markt ins Land.

Anthropologen haben die Anziehungskraft der abgelegten westlichen Mode untersucht, die dazu dient, Menschen in Afrika, Asien und Südamerika mit modernen Identitäten zu versorgen. Sie haben auch die wirtschaftlichen Aspekte des einschlägigen Handels in verschiedenen Ländern analysiert. Einige Untersuchungen beschreiben, wie auf diese Weise für Händler, Schneider und insbesondere für weibliche Händler neue Chancen eröffnet werden. Entscheidungsträger in der Politik, Recyclingunternehmen und Wohltätigkeitsorganisationen gehen davon aus, dass die Ausfuhr gebrauchter Kleidung im Großen und Ganzen den armen Ländern durch die wirtschaftliche Dynamik des Freihandels zu Gute kommt; sie ist jedoch keine fair gehandelte Ware. Wer hat in Wirklichkeit einen Vorteil davon? Hilft sie bei der Bekämpfung sozialer Ungleichgewichte und entstehen dadurch nachhaltige Existenzgrundlagen? Wie könnten wir die Lage ändern? Genauso wie die Vorteile des Recycelns der Ressourcen für die Umwelt in der nördlichen Welt beworben werden, ist es unerlässlich, die sozialen, politischen und wirtschaftlichen Auswirkungen der massenhaften Verschiffung unserer abgelegten Kleidungsstücke in den südlichen Teil der Welt zu verstehen.

EN

What happens to all the unwanted clothing we are encouraged to recycle? Depending on where we live, we give it to charity shops, put it into textile recycling bins, or even drop it off in store when we go shopping, in return for money off the next purchase. Some charities sort out the best clothing themselves and sell it in their own shops or online to raise funds (Oxfam, Humana), but most simply receive a small donation per kilo from the commercial textile recycling companies who run the collecting system.

Textile recyclers are the modern equivalent of the old 'rag and bone' men who travelled from village to village collecting old clothes and finding new markets. Old clothes have been traded wholesale across Europe and North America since at least the early 19th century, and were exported to colonies across the world. But as new clothing has become ever cheaper, consumers in North America and Western Europe buy less and less second-hand. Today, only a fifth of used clothing is re-sold in the developed countries where it is collected. About two thirds is exported to developing markets for re-sale in local markets.

Textile recyclers run highly complex sorting systems in huge warehouses, sorting and re-sorting bags of old clothes into hundreds of distinct clothing categories. They train staff to recognise brands, styles and materials appropriate for specific niche markets, whether a one-off retro T-shirt for a Japanese collector, or a container load of a particular brand of jeans for the West African market. Once sorted, clothes are vacuum packed into giant bales weighting 500 kg or 1000 kg for shipping to their next destination. High value brands tend to go to Eastern Europe and are then re-exported to Russia and beyond; good quality summer wear is sold to Africa, while low-quality items go to South Asia. Recyclers try to find a market for everything, but about 15% is sent for recycling rather than reuse, and 5% is thrown away since it is wet or dirty.

In 2012, the UN Comtrade database gave a total value of US$4 billion for the global trade; in 2013 the top five exporters were the USA, UK, Germany, South Korea and Belgium, and the top five importers were the Russian Federation, Pakistan, Malaysia, Ukraine and India. As trade regulations change and cheaper labour can be found in developing countries, new hubs for sorting old clothing open up around the world in Special Export Zones and free trade ports, making exports very hard to trace. Over 20 countries ban the import of used clothing due to fears of disease or perceived risks to indigenous textile industries, but many old clothes enter via the black market.

Anthropologists have explored the appeal of second-hand Western fashion for creating modern identities in Africa, Asia and South America and analysed the economics of the trade in various countries. Some describe how it opens up new opportunities for dealers, tailors and especially women traders. Policy-makers, recyclers and charities assume that exporting used clothing generally benefits poor countries via the economics of free trade, but it is not a fairly-traded commodity. Who really benefits? Does it help to tackle social inequality and provide sustainable livelihoods? What changes could we make? As the environmental benefits of recycling resources are promoted in the global north, understanding the social, political and economic impact of shipping our cast-offs in bulk to the global south is vital.

Textilrecycling in Indien
Textile Recycling in India

Lucy
Norris

DE

Mehr als 100.000 Tonnen Altkleider werden jedes Jahr zum Recyceln als Industriestoff nach Indien importiert. Mäntel aus Wolle und Mischfasern, Jacken, Hosen und Strickpullover werden nach Farbe sortiert und zerkleinert, um die Fasern aufzutrennen und wiederzugewinnen. Diese können dann kardiert werden und zu regeneriertem Wollgarn versponnen werden. Daraus werden anschließend Decken, Umschlagetücher und Stoffballen gewoben.

Panipat, nur 90km nördlich von Delhi, nimmt für sich in Anspruch, das weltweit größte Zentrum des Textilrecyclings zu sein. Über 300 Fabriken recyceln hier Altkleider zu Regeneratgarn. Die Technologie für die Rückgewinnung von Fasern wurde 1813 im englischen Yorkshire entwickelt, und das recycelte Garn bot sich als billige Alternative zu frischen Fasern an. Da die Wollfasern jedoch in kurze Stapellängen aufgespalten werden, sind Festigkeit und Haltbarkeit des recycelten Garns mangelhaft, und seine Bezeichnung im Englischen – "shoddy"– wird heute als Bezeichnung für alles angewendet, was schlecht verarbeitet oder moralisch von fragwürdigem Wert ist; den Ursprung des Ausdrucks hat man längst vergessen. Karl Marx bezeichnet die Zerkleinerungsmaschinen als „Teufel" in Das Kapital, und die kurzen zurückgewonnenen Fasern als „Teufelsstaub". Shoddy wurde als Massenprodukt in ganz Europa und Nordamerika bis ins 20. Jahrhundert hergestellt, und für Militäruniformen, Decken in staatlichen Anstalten und billige Mäntel verwendet.

Das qualitativ beste recycelte Garn wird heute noch in Prato in Italien hergestellt. Aber nach dem Zweiten Weltkrieg ging die Nachfrage stark zurück, die Lohnkosten stiegen, und die Industrie verlagerte die Produktion nach Osteuropa. Nach der indischen Unabhängigkeit in den 1950er Jahren begann die aufstrebende lokale Wollverarbeitungsindustrie, billiges recyceltes Garn aus Prato zu importieren. Bald kauften die indischen Fabriken auch die alten Maschinen und importierten gebrauchte Winterkleidung als Rohstoff. In den Jahren 2007-8 bestand zwischen einem Drittel und der Hälfte der gesamten Produktion der indischen Wollverarbeitungsindustrie aus Shoddy. Panipat stellt jährlich ca. 45 Millionen kg Shoddygarn her (davon werden ca.10 Prozent nach Afrika zum Weben von Produkten wie z.B. die Decken der Massai exportiert) und webt Millionen Decken, die an die armen Bevölkerungsschichten in ganz Südasien verkauft werden. Die Stadt liefert zudem die meisten der grauen Decken, die weltweit bei der humanitären Katastrophenhilfe der internationalen Hilfsorganisationen zum Einsatz kommen.

Etwa 15 Prozent aller in Europa und Nordamerika gesammelten Textilien taugen nicht zu Verkauf und Wiederverwendung. Stattdessen werden sie recycelt. Hierbei handelt es sich etwa zur Hälfte um

Baumwoll-T-Shirts und andere Kleidungsstücke, die zerrissen und zu Putzlappen für die Reinigungs- und Polierindustrie verarbeitet bzw. in modernen europäischen Fabriken zerkleinert und als Ausgangsmaterial für Matratzenfüllungen, Autoisolierungen oder Geotextilien verwendet werden. Offensichtlich ist die Umarbeitung von Regeneratfasern zu Recyclingprodukten nur in Indien, einem Billiglohnland mit geringer Regulierung der Arbeitsbedingungen, möglich. Es ist den Recyclingtechnologien trotz einiger Forschungsinitiativen in Nordeuropa immer noch nicht gelungen, hochwertige Produkte zu entwickeln.

Die indische Reyclingindustrie verbraucht zwar Altkleidung und bietet Chancen für die lokale Wirtschaftsentwicklung, jedoch sind in vielen Fabriken die Arbeitsbedingungen schlecht, die Löhne niedrig, Sozialversicherungsleistungen existieren nicht und das Recht der ArbeitnehmerInnen auf Vereinigungsfreiheit besteht nur auf dem Papier. Die Garne und Decken werden mit veralteten Maschinen und unter Verwendung nicht identifizierter chemischer Zusätze hergestellt. Durchaus noch tragbare Kleidungsstücke werden häufig zum Schreddern verkauft, um den Wollanteil zu erhöhen oder weil sonst kein Markt dafür zu finden war. Der Stellungswert der Industrie innerhalb der globalen Recylingwirtschaft ist zweideutig: ich habe gesehen, wie handgestrickte Bio-Pullover zerkleinert wurden, um daraus schmutziggraue Decken herzustellen. Derartiges übt auf jeden Menschen Druck aus, der einen echten Wandel wünscht, damit eine solch drastische Verschwendung wertvoller menschlicher und natürlicher Ressourcen vermieden wird.

EN

Over 100,000 tons of used clothing is imported into India each year for industrial recycling. Woollen and mixed fibre coats, jackets, trousers, and knitted pullovers are sorted into piles by colour and shredded to open up and reclaim their fibres. These can then be carded and spun into regenerated woollen yarn, which is then used to weave blankets, shawls and rolls of fabric.

Panipat, just 90km north of Delhi, claims to be the world's largest textile recycling centre, with over 300 mills recycling old clothes into regenerated yarn. The technology for reclaiming fibres from garments was developed in Yorkshire, UK, in 1813, and the recycled yarn provided a cheap alternative to virgin fibres. However, since the woollen fibres are broken down into short staple lengths, the recycled yarn lacks strength and durability, and its English name, 'shoddy', is now an adjective generally applied to anything badly made or of low moral value, its origin forgotten. Karl Marx referred to the shredding machines as 'devils' in Capital, and the short reclaimed fibres as 'devil's dust'. Shoddy wool was mass-produced across Europe and North America into the 20th C and used for army uniforms, institutional blankets and cheap coats.

The finest quality recycled yarn is still produced in Prato, Italy, but after the Second World War demand dropped, the cost of labour rose and the industry moved to Eastern Europe. After Indian independence in the 1950s, the developing wool industry started importing cheap recycled yarn from Prato. Soon Indian mills were buying up the old machinery and importing used winter clothing as feedstock. In 2007-8, shoddy production comprised between one third to one half of the total output of the Indian wool industry. Panipat makes about 45 million kg of shoddy yarn (about 10% of which is exported to Africa to weave products like Maasai blankets), and weaves millions of blankets which are sold to the poor across South Asia. The town also supplies most of the world's grey humanitarian aid blankets, used by international aid agencies for disaster relief.

About 15% of all the textiles collected in North America and Europe can't be sold for reuse, and are sent instead for recycling. About half of these are cotton T-shirts and clothing which are torn into rags for the cleaning and polishing industries, or shredded in modern European factories to produce mattress stuffing, insulation for cars or geo-textiles. It appears that only in India, where labour is cheap and regulation light, is it possible to turn reclaimed fibres back into recycled products. Recycling technologies still haven't developed higher-quality products although there are research initiatives in Northern Europe.

The Indian recycling industry uses up old clothing and provides a chance for local development, but in many mills working conditions are poor, wages are low, insurance benefits are not paid and the right of labour to associate are unenforced. The yarn and blankets are produced using antiquated machinery and unidentified chemical additives, and often wearable clothing is sold for shredding to increase the wool content or because no other market could be found. Its place within a sustainable global recycling economy is ambiguous: I have seen hand-knitted organic sweaters being shredded and turned into dirty grey blankets, which puts pressure on everyone desiring real change to avoid such a drastic waste of valuable human and material resources.

Aufklärung
Clarification

Textilien und Umwelt
Textiles and the environment

Brigitte Zietlow

DE

Bekleidung ist ein wichtiges Beispiel für die Globalisierung von Produktion und Konsum. Bedeutende Produktionsstandorte von Bekleidung liegen in Schwellen- und Entwicklungsländern. Die Massenproduktion verursacht in diesen Ländern erhebliche Probleme für Umwelt und soziale Strukturen. So sind zum Beispiel regionale Wasservorkommen durch Chemikalien aus der Textilproduktion hoch belastet.

Bei der Produktion von Naturfasern werden beispielsweise Pestizide und Düngemittel in großer Menge eingesetzt. So entfallen bisher circa 25 % des weltweiten Insektizidmarktes und circa 10 % des Pestizidmarktes auf den Baumwollanbau.

Während der Textilveredlung können bis zu 1 kg Chemikalien pro kg verarbeiteter Textilien eingesetzt werden. Dabei kommt eine große Breite von Textilhilfsmitteln zum Einsatz. Der Textilhilfsmittelkatalog listet ca. 6.500 Handelsprodukte auf der Basis von 400 bis 600 Wirkstoffen. Ein großer Teil der Textilhilfsmittel gelangt anschließend in das Abwasser. Diese Stoffe sind zum Teil schwer abbaubar und können in den biologischen Kläranlagen nur bedingt abgebaut werden. In Ländern wie China oder Indien gelangen diese Stoffe deshalb oft in die Flüsse, da die Abwasserbehandlung häufig nicht ausreicht oder das Abwasser zum Teil gar nicht gereinigt wird.

Auch der hohe Verbrauch von Wasser und anderen Ressourcen belastet die Umwelt: Der Wasserverbrauch beim Baumwollanbau (3.600-26.900 m^3 Wasser pro Tonne Baumwolle) führte unter anderem zum Austrocknen des Aralsees. Die Produktion von Chemiefasern verbraucht nicht-erneuerbare Ressourcen zum einen als Rohstoff und zum anderen für die Erzeugung von Prozesswärme. Als Rohstoff werden jährlich circa 0,8 % des derzeit geförderten Erdöls verbraucht.

Das Umweltbundesamt (UBA) arbeitet seit vielen Jahren daran, wirksame Instrumente und Maßnahmen zu etablieren und weiterzuentwickeln, die die Verbesserung der Umweltstandards in der Textil- und Lederindustrie fördern. In Deutschland und Europa hat der Umweltschutz in der Vergangenheit die Qualität unserer Umwelt – und damit die Lebensqualität – bedeutend verbessert. So konnte

beispielsweise durch rechtliche Vorgaben die Abwasserbelastung in der Textil- und Lederindustrie reduziert und damit die Gewässerqualität erheblich verbessert werden. Diese Verbesserungen konnten sich in Schwellen- und Entwicklungsländern noch nicht durchsetzen. Ziel des UBA ist es, die umweltverträgliche Produktion auf der Grundlage europäischer Umweltstandards in diesen Ländern zu fördern. Deshalb hat das UBA gemeinsam mit einigen Handels- und Markenfirmen sowie Nichtregierungsorganisationen den Leitfaden „Umweltstandards in der Textil- und Schuhbranche“ entwickelt: http://www.umweltbundesamt.de/publikationen/umweltstandards-in-textil-schuhbranche.

Die weltweiten Umweltauswirkungen der Textilproduktion werden jedoch entscheidend durch Produktwahl und Konsummuster beeinflusst. So wird durch den Kauf von Textilien aus biologisch angebauter Baumwolle im Vergleich zu konventioneller Baumwolle die Umweltbelastung in der Faserproduktion erheblich reduziert. Bei Textilien aus Chemiefasern besteht durch Verwendung von Recyclingfasern Potenzial zur Minderung der Umweltbelastung. Umweltsiegel können bei der Kaufentscheidung eine Orientierung bieten. Welche Siegel empfehlenswert sind bewertet z.B. die Labeldatenbank Label-Online http://label-online.de/ der VERBRAUCHER INITIATIVE e. V.

Entscheidend für die Umwelt ist auch die Menge an Textilien, die pro Person konsumiert wird. Jedes Bekleidungsstück, das gekauft wird und kurze Zeit später – schlimmstenfalls ungetragen - wieder aussortiert wird, belastet die Umwelt unnötig.

EN

The clothing industry is an important example of the way production and consumption have become globalized. Important locations for the manufacturing of clothing are in the emerging economies and developing countries. Mass production in these countries has considerable environmental and social impacts. Regional water resources, for instance, are heavily polluted through chemicals from the textile industry.

Just one example: huge quantities of pesticides and fertilizers are used in the production of natural fibres. Thus something like 25 % of the insecticide and c. 10 % of the pesticide market worldwide is accounted for by the cultivation of cotton.

Up to 1 kilo of chemicals per kilo of processed textiles can be used in textile finishing. There is a wide range of auxiliary agents in use here. The textile auxiliaries catalogue lists some 6,500 products available on the market, based on 400 to 600 active ingredients. The majority of these textile auxiliaries end up in the effluent from the factories. Some of these substances are only slowly degradable and resist degradation in biological waste water treatment plants for the most part. In countries such as China or India these substances therefore often find their way into the rivers, since waste water purification is often inadequately stringent and sometimes non-existent.

The high consumption of water and other resources also causes ecological damage: it was the water used to irrigate cotton plantations (3,600-26,900 m^3 of water per tonne of cotton) which led, among other impacts, to the drying up of the Aral Sea. The production of chemical fibres uses up non-renewable resources on the one side as raw material and on the other to generate process heat. Some 0.8 % of the crude oil produced annually is currently consumed as raw material.

The Federal Environmental Agency (Umweltbundesamt - UBA) has for many years been working to establish and develop effective instruments and measures to promote improvements in the environmental standards for the textile and leather industries. In Germany and Europe, environmental protection has significantly improved the quality of our environment - and consequently our quality of life. Thus, for example, regulatory constraints in the textile and leather industries have reduced waste water contamination and substantially improved water quality. It still remains for these improved standards to become the norm in emerging and developing countries, however. The goal of the UBA is to promote environmentally sound production on the basis of European environmental standards in these countries. For this reason the UBA, together with a number of trading companies and big brand names, as well as NGOs, have produced the guideline "Environmental standards in the textile and shoe sector": http://www.umweltbundesamt.de/publikationen/umweltstandards-in-textil-schuhbranche.

The decisive influences on global environmental impacts of textile production are product choice and patterns of consumption, however. That is why buying textiles made of biologically grown cotton compared with that from conventional methods considerably reduces the environmental damage caused by fibre production. With textiles from synthetic fibres, the ecological burden can potentially be reduced by the use of recycled fibres. Eco-labelling can provide guidance when deciding what to buy. What labels are to be recommended is evaluated, e.g. by the label database of the consumer initiative VERBRAUCHER INITIATIVE e.V. http://label-online.de/

The crucial factor for the environment is the quantity of textiles consumed per person. Every garment which is bought and thrown away only a little later – in the worst case without ever being worn – causes harm to the environment.

Gesundheitliche Risikobewertung von Bekleidungstextilien
Eine Aufgabe des Bundesinstituts für Risikobewertung (BfR)

Health-risk assessment of garment textiles – A responsibility of the German Federal Institute for Risk Assessment (BfR)

Ralph
Pirow

DE

Bekleidungstextilien können eine Vielzahl chemischer Substanzen enthalten. Sie sorgen als Farb-, Hilfs- und Ausrüstungsmittel für einen waschechten Farbton, für stabile Form oder ein knitterfreies Kleidungsstück. Gelegentlich werden auch antimikrobiell wirksame Substanzen eingesetzt. Abhängig von der Gefährlichkeit der Stoffe und vom Kontakt mit der Haut können diese Substanzen ein gesundheitliches Risiko darstellen, wenn die verwendeten Chemikalien während des Tragens freigesetzt werden.

Die Bewertung der chemischen Risiken von Verbraucherprodukten einschließlich Bekleidungstextilien ist aber nur eine der Aufgaben des Bundesinstituts für Risikobewertung (BfR). Das BfR ist eine wissenschaftliche Einrichtung im Geschäftsbereich des Bundesministeriums für Ernährung und Landwirtschaft (BMEL). Es berät die Bundesregierung und die Bundesländer zu Fragen der Lebensmittel-, Chemikalien- und Produktsicherheit. Das BfR betreibt eigene Forschung zu Themen, die in engem Zusammenhang mit seinen Bewertungsaufgaben stehen.

Gemäß gesetzlicher Regelungen müssen Bekleidungstextilien so hergestellt und behandelt werden, dass sie die Gesundheit nicht schädigen. Eine Zulassungs- oder Anmeldepflicht für Textilien gibt es allerdings nicht, so dass umfassende Kenntnisse über mögliche chemische Risiken fehlen. Das BfR hat deswegen den Ausschuss „Textilien und Leder“ eingerichtet, der Aussagen über mögliche gesundheitliche Risiken durch Textilchemikalien erarbeitet. Zu den Themen des Ausschusses gehören Untersuchungen zum Gehalt und zur Freisetzung von Chemikalien aus Produkten, Konzepte zur Abschätzung der Verbraucherexposition, toxikologische Prüferfordernisse, erbgutverändernde und krebserregende Schadstoffe sowie allergische Reaktionen auf Farbmittel.

In der Regel sind beim Tragen von Bekleidungstextilien keine gesundheitsschädlichen Wirkungen durch chemische Substanzen zu erwarten. Gesundheitliche Risiken können jedoch aus Sicht des BfR beispielsweise von Farbstoffen bei mangelhaft gefärbten oder nicht farbechten Produkten ausgehen. Die Verwendung von Dispersionsfarbstoffen mit sensibilisierendem Potenzial birgt das Risiko einer Kontaktallergie, wenn die Schweißechtheit der Färbung unzureichend ist und intensiver Hautkontakt, insbesondere in Schwitzzonen, gegeben ist. Auch bei antimikrobieller Ausrüstung von Bekleidungstextilien sollten Nutzen und Risiken sorgfältig gegeneinander abgewogen werden.

EN

Clothing textiles can contain a variety of chemical substances. They act as dyeing, auxiliary and finishing agents to provide fast colours, stable shapes or crease-resistant garments. Occasionally substances with an antimicrobial effect are also deployed. These substances can present a health risk – depending on the hazardousness of the materi-als and on their contact with the skin – if any of the chemicals deployed are released when the garment is worn.

Assessing the chemical risks of consumer products including clo-thing textiles is, however, only one of the responsibilities of the BfR. The BfR is a scientific establishment under the responsibility of the German Federal Ministry of Food and Agriculture. It advises the German Federal Government and the German Federal States on issues concerning food, chemical and product safety. The BfR carries out its own research into subjects that are closely con-nected with its assessment tasks.

To comply with statutory regulations, garment textiles must be manufactured and treated in such a way that they do not harm people's health. There is no requirement, however, for any authorisation or notification for textiles, so there is a lack of comprehensive knowledge about possible chemical risks. For this reason, the BfR has set up the Textiles and Leather Com-mittee to issue statements about possible health risks from chemicals in textiles. The issues addressed by the Committee include investigations into the contents and discharge of chemicals by products, frameworks for estimating consumers' expo-sure, toxicological testing requirements, mutagenic and carcinogenic contaminants and allergic reactions to dyestuffs.

As a rule, no harmful impact from chemical substances should be expected from wearing clothing fabrics. In the view of the BfR, how-ever, some health risks may be presented by dyes in inadequately dyed products, or products that are not colourfast. The use of disper-sion dyes with sensitisation potential harbours the risk of triggering contact allergies if there is insufficient fastness to perspiration in the dyeing and there is intensive contact with the skin, especially in areas prone to sweating. Also with clothing fabrics with an antimicrobial finishing treatment, the benefits and the risks need to be carefully weighed up against each other. The BfR particularly recommends avoiding bioc-ides such as triclosan and silver.

Textilien und REACH
Textiles and REACH

Marc
Brandt

DE

Chemikalien sind in der Europäischen Union in der so genannten REACH-Verordnung geregelt. Diese regelt die Verwendung und das Inverkehrbringen aller Chemikalien in der EU. Durch REACH werden erstmals sämtliche auf dem Markt befindliche Chemikalien mit ihren Eigenschaften, ihren Verwendungsmengen und -arten erfasst. Dadurch erlaubt es REACH auch erstmals systematisch zu verstehen, welche Belastungen durch Chemikalien für Mensch und Umwelt entstehen.

Doch wo ist der Zusammenhang zwischen der vermeintlichen Glitzerwelt der Mode bzw. Textilien und dem streng wissenschaftlich wirkenden Thema Chemie?

Er erschließt sich, wenn man weiß, dass viele der wichtigsten Textilmaterialien heute synthetisch sind: Bei ihrer industriellen Herstellung und der Behandlung von Textilien allgemein werden große Mengen verschiedenster, teilweise sehr giftiger Chemikalien verwendet. Hinzu kommt, dass Textilien heutzutage häufig schnelllebige Artikel sind, die nur kurz gebraucht und dann schon als Abfall entsorgt werden. Deswegen besteht ein erheblicher Zusammenhang zwischen dem Chemikalienverbrauch bzw. der Freisetzung von Chemikalien in die Umwelt und der Herstellung, dem Konsum und der Entsorgung von Textilien. Schließlich gibt es kaum eine Produktgruppe, die uns näher an der Haut liegt als Textilien. Das Thema gesundheitsschädliche Chemikalien in der Kleidung ist deswegen ausgesprochen wichtig.

Allerdings regelt REACH in erster Linien nur die Chemikalien selbst, denn es ist ein so genanntes Stoffrecht und Produktrecht. Daher sind importierte Erzeugnisse - bei Textilien ein häufiger Fall - von REACH nur indirekt abgedeckt und es gibt auch keine sonstige spezifische europäische Regelung.

Dennoch bietet die REACH-Verordnung auch für die Trägerinnen und Träger von Textilien eine Verbesserung: Jede Verbraucherin und jeder Verbraucher hat nun erstmals ein generell gültiges Auskunftsrecht zu den in Erzeugnissen enthaltenen schädlichen Chemikalien. Die Hersteller und Händler von allen Erzeugnissen, also auch Textilien, müssen – unabhängig von der Kaufentscheidung – Auskunft geben, ob in ihren Produkten so genannte besonders besorgniserregende Chemikalien mit über 0,1%

Gewichtsanteil vorhanden sind. Die Liste der besonders besorgniserregenden Stoffe umfasst mittlerweile über 160 verschiedene Substanzen, beispielsweise viele fortpflanzungsgefährdende Weichmacher (Phthalate), das hormonähnlich wirkende Nonylphenolethoxylat oder bestimmte perfluorierte Chemikalien, die in der Umwelt sehr schädlich wirken.

Ein Nachteil der REACH-Anfragen ist, dass die Antwortfrist 45 Tage lang ist, so dass das Auskunftsrecht noch nicht sehr anwenderfreundlich ist. Dennoch: Dank des Auskunftsrechts ist es erstmals möglich, die Chemikalienbelastung bewusst in die Kaufentscheidung mit einzubeziehen und dadurch ein Signal für Produkte zu setzen, die frei sind von besonders besorgniserregenden Chemikalien, sei es nun im Baumarkt oder eben in der Modeboutique.

EN

In the European Union, textiles are regulated under the REACH Regulation, which governs the use and placing on the market of chemicals in the EU. Thanks to REACH, for the first time every chemical in the market, together with its properties, usage levels and types, is registered. Through this, REACH also provides a systematic understanding for the first time of chemicals' health and environmental impacts.

But what does the seemingly glitzy world of fashion and textiles have to do with the highly scientific topic of chemicals?

This question is answered when we realise that many of our most important textile materials are now synthetic. Huge quantities of very varied chemicals, some of which are also highly toxic, are generally used in the industrial production and treatment of textiles. On top of this, textiles are now often treated as throwaway articles – used briefly, then thrown away. This explains the immediate connection between the use of chemicals, their release into the environment and the manufacture, consumption and disposal of textiles. Ultimately, there is no other group of chemicals with which we are in closer contact than textiles. This is why the subject of toxic chemicals in clothing is so crucial.

Primarily, REACH only regulates the chemicals themselves, as it is a substance and product regulation. As such, imported materials – often the case with textiles – are only covered indirectly by REACH. Besides this, no other specific European regulations exist either.

Nevertheless, the REACH Regulation is a positive step for textile wearers, as for the first time every consumer now has a general right to information about the toxic chemicals contained in materials. The manufacturers and distributors of all materials including textiles must, irrespective of the buying decision, provide information on whether their products contain chemicals of Very High Concern in concentrations exceeding 0.1% by weight. The list of substances of Very High Concern now includes over 160 different substances such as softeners (phthalates) which are highly toxic to reproduction, nonoxynol which has a hormone-mimicking effect, as well as certain perfluorinated organic compounds which are very harmful to the environment.

If there are any drawbacks, one disadvantage of applying to REACH for information is that the response time is very long. At 45 days, exercising the right to information is not a very user-friendly process. Despite this, thanks to the right to information it is now possible for the first time to consciously factor into the buying decision the impacts of chemicals, and in doing so show commitment to products that are free from chemicals of Very High Concern – whether these are sold through a DIY chain or a fashion boutique.

Gift ist aus der Mode
Poison is out of fashion

Carolin
Wahnbaeck

DE

Die weltweite Detox-Kampagne von Greenpeace kämpft erfolgreich für eine giftfreie Textilproduktion. 29 internationale Modemarken und Textilhändler im Kleiderschrank haben sich bereits verpflichtet, den Einsatz der gefährlichsten Chemikalien auf Null zu fahren.

Wer Greenpeace vor fünf Jahren vorhergesagt hätte, dass die Umweltorganisation sich einmal dem Thema Mode widmen würde, der wäre ausgelacht worden. Heute ist das Thema giftige Chemikalien das Top-Thema der Textilindustrie. Greenpeace hat mit dramatischen Bildern von Wasserverschmutzung in den Produktionsländern und Schadstoff-Tests von Kleidung eine Branche aufgerüttelt und auf saubere Produktion verpflichtet.

2011 untersuchte Greenpeace erstmals die Abwässer chinesischer Textilfabriken und prüfte die dort gefertigten Textilien auf giftige Substanzen. Ergebnis: ein gefährlicher Chemie-Cocktail in den Flüssen Chinas und in der Kleidung. Der Report „Schmutzige Wäsche“ zeigte, welche Textilfirmen für die Verschmutzung der begehrten und kostbaren Ressource Wasser verantwortlich waren.

In China sind über 320 Millionen Menschen ohne Zugang zu sauberem Trinkwasser – das geht auch auf das Konto der Textilfirmen. China ist der weltweit größte Exporteur von Kleidung. Ein Viertel aller weltweit produzierten Chemikalien werden in der Textilbranche eingesetzt, damit Kleidung knallig, flauschig oder wetterfest wird. Bis zu einem Kilogramm Chemie pro Kilo Textil werden allein bei der Textilveredelung eingesetzt. Viele Substanzen, mit denen da hantiert wird, sind bereits in kleinen Mengen hochgiftig, aber nicht gesetzlich reguliert.

Bis heute haben 20 große Modehändler zugesagt, bis 2020 giftfrei zu produzieren. Auf diesem Weg legen sie konkrete Etappenziele fest, die auch von Greenpeace überprüft werden. Damit die Menschen im Umfeld der Fabriken erfahren, welche Substanzen in die Gewässer gelangen, müssen die Firmen und ihre Zulieferer Abwasserdaten offenlegen. Seit März 2015 zeigt ein Online-„Catwalk“ präzise, welche Firmen ihren Worten Taten folgen lassen und welche nicht. Während einige Firmen bereits völlig darauf verzichten, ihre Kleidung mit hochgiftigen perfluorierten Chemikalien (PFC) zu traktieren, weigern sich

andere noch auf alle PFC's zu verzichten, obwohl es längst Alternativen auf dem Markt gibt und die Konkurrenten es auch können. Auch die Politik hat sich bewegt: Die chinesische Regierung ist auf Greenpeace zugekommen und arbeitet an einer schärferen Chemikaliengesetzgebung, die wesentliche Greenpeace-Forderungen aufnimmt.

Es geht Greenpeace aber nicht nur darum, was wir kaufen, sondern auch wie viel. Jeder Deutsche kauft 60 neue Kleidungsstücke pro Jahr. Viele davon werden kaum oder nie getragen und dann bedenkenlos weggeworfen. Es muss aber Schluss sein mit dieser Ex-und-Hopp-Kultur, 'in der ein T-Shirt nicht länger getragen wird als eine Plastik-Tüte. Greenpeace appelliert gerade an jüngere Modeinteressierte, kreativer mit dem eigenen Wunsch nach Veränderung umzugehen. Statt immer ein neues Teil zu kaufen, auch mal ein Kleidungsstück zu leihen, zu tauschen oder ein altes wieder aufzumöbeln. Das kann die Umwelt verkraften, unsere Sucht nach dem ewig Neuen dagegen nicht. Und origineller angezogen ist man allemal.

EN

The worldwide Greenpeace 'Detox' campaign is fighting successfully for non-toxic textile production. 29 international fashion brands and textile-garment retailers have already committed to progressively reducing the use of dangerous chemicals to zero.

If anybody had told Greenpeace five years ago that the environmental organisation would one day be getting to grips with the topic of fashion, they would have been laughed at. Today, the issue of toxic chemicals is top of the agenda in the textile industry. Using dramatic images of water pollution in manufacturing countries and testing garments for toxins, Greenpeace has shaken up a whole industrial sector and made it commit to clean production.

Greenpeace examined waste water from Chinese textile factories and tested the textiles made there for toxic substances for the first time in 2011. The results showed a dangerous chemical cocktail in China's rivers and in the garments. The 'Dirty Laundry' report showed which textile companies were responsible for polluting the desirable and valuable resource of water.

In China, more than 320 million people are without access to clean drinking water – and this is partly the fault of textile companies. China is the world's biggest exporter of garments. A quarter of all chemicals produced in the world are used in the textile sector to make clothing bright, fluffy or weatherproof. Up to one kilogramme of chemicals per kilogramme of textiles are used in textile finishing alone. Many of the substances being handled there are highly toxic even in small volumes – yet not regulated by law.

By now, 20 large fashion retailers have agreed to manufacture without toxins by 2020. In this way they are defining specific step targets, which will also be checked by Greenpeace. The factories and their suppliers are required to declare waste-water data so that people living near the factories can find out which substances are entering into the water. Since March 2015, an online 'catwalk' shows precisely which companies are actually walking the walk after talking the talk – and which are not. Whereas some companies already completely avoid highly toxic perfluorinated compounds (PFC) in their garments, others have so far refused to do without PFCs, even though there have been alternatives on the market for many years and their rivals already manage without it. There has also been political movement: the Chinese government has approached Greenpeace and is working on stricter chemical laws which include Greenpeace's main demands.

But Greenpeace cares not only about what we buy, but also how much. Every German buys 60 new garments per year. Many of them are never or rarely worn, and then thrown away without thought. It's time to end this throwaway culture, in which a T-shirt is used for no longer than a plastic bag. Greenpeace is appealing especially to younger fashionistas to get more creative with their desire for change. Instead of buying new items all time, they could lend or swap garments or even redesign old ones. Our environment can cope with that, but not with our terminal addiction to the eternally new. And it's a more original way to dress!

Chemikalieneinsatz in der Lieferkette: Wie viel Einfluss hat der Retailer?

The use of chemicals in the supply chain: How much influence do retailers have?

Marijke Schöttmer

DE

Große Markenunternehmen stehen vor der Herausforderung, ihr Chemikalienmanagement in der Lieferkette zukunftsfähig zu gestalten. Wesentlicher Treiber dieser Entwicklung ist die Detox-Kampagne von Greenpeace mit ihren Forderungen eines vollständigen Verzichts auf gesundheits- und umweltschädliche Chemikalien in der Lieferkette. Aktuell greifen die Diskussionen des BMZ (Bundesministerium für wirtschaftliche Zusammenarbeit und Entwicklung) im Rahmen des Textilbündnisses das Thema auf. Berichterstattungen in den Medien erhöhen den öffentlichen Druck. Es besteht Handlungsbedarf, dem sich Retailer stellen müssen.

Aufgrund der heute gängigen Geschäftsmodelle wie Outsourcing und Vollkauf sind die Einflussmöglichkeiten auf die Vorstufe für einen Retailer häufig begrenzt. Im Zuge der permanenten Produktionsverlagerungen an Auftragsfertiger in Niedriglohnländern habensich deutsche Bekleidungshersteller zu „fabriklosen“, hauptsächlich auf Design, Markenführung und Vertrieb fokussierten Vermarktern entwickelt. Textile Vorprodukte und Rohstoffe werden weltweit bezogen. An der Herstellung von Textilien sind viele Akteure beteiligt. Retailer können mit Zulieferern entweder direkt oder indirekt, über Agenten oder Importeure in einer Geschäftsbeziehung stehen. Produktionsstätten sind häufig nicht vertikal organisiert sondern vergeben Unteraufträge. Die Lieferketten und Geschäftsbeziehungen sind oft komplex und intransparent. Dadurch bedingt hat heute kaum ein Markenunternehmen einen vollständigen Überblick über den Einsatz gefährlicher Chemikalien und deren Freisetzung über ihre gesamte Lieferkette.

Das Einleiten persistenter, gefährlicher Chemikalien am Produktionsstandort zu verhindern ist jedoch Teil der unternehmerischen Verantwortung. Trotz der strukturellen Herausforderungen sind deutsche Retailer nicht nur in der Lage, sondern auch in der Pflicht, die Umweltauswirkungen ihrer Bekleidungsproduktion zu beeinflussen.

Viele Unternehmen definieren heute bereits durch Ihre RSL (Restricted Substances List), welche Chemikalien bis zu welchem Grenzwert in ihren Endprodukten vorkommen dürfen. Was jedoch die Verwendung in der Produktion und die Einleitung von Schadstoffen in

die Gewässer angeht, stellen die meisten Marken keine Anforderungen an die Lieferanten, die über die lokale Gesetzgebung hinausgehen. Dabei sind die persistenten und toxischen Eigenschaften vieler Textilchemikalien durchaus bekannt. Während beispielsweise in der EU der Einsatz der als Tenside genutzten Nonylphenolethoxylate (NPE) in der Bekleidungsherstellung gesetzlich verboten und für Importprodukte bereits seit 2005 ein Grenzwert von 0,1% gilt, wird in Ländern außerhalb der EU die Verwendung von NPEs als Tenside in Waschmitteln von Retailern weiterhin geduldet. Da die Stoffe waschaktiv sind, können sie in der Produktion eingesetzt und dann ausgewaschen werden, um die Anforderungen an das Endprodukt zu erfüllen. Die ausgespülten NPEs gelangen in den Wasserkreislauf und bauen sich dort zu NP ab, welches sich in der Nahrungskette anreichert.

Tatsächlich verhindern Grenzwerte für die Konzentration einzelner Chemikalien im fertigen Produkt also nicht den Einsatz der Chemikalie in der Herstellung oder dessen Einleitung ins Abwasser. Es werden gezielte Maßnahmen benötigt, die auf Prozessebene greifen, wie z.B. die Einführung einer „Manufacturers Restricted Substances List", die den Einsatz gefährlicher Substanzen im Herstellungsprozess reguliert oder einer Positivliste, die gezielt die Verwendung bestimmter Einsatzstoffe vorgibt. Untersuchungen haben gezeigt, dass selbst moderne Abwasserbehandlungsanlagen die Einleitung einiger Schadstoffe nicht verhindern können. Der Einsatz von Chemikalien muss daher gezielt gesteuert und persistente, toxische Substanzen durch ungefährliche Alternativen ersetzt werden. Retailer haben die Verantwortung, Verwendung und Einsatzort von Schadstoffen in ihrer Lieferantenkette zu kennen und Informationen über die in der Produktion verwendeten Chemikalien öffentlich zugänglich zu machen. Sie müssen die Transparenz in ihrer Supply Chain erhöhen und durch gezielte Trainings und Kommunikation auch das Chemikalienmanagement in den Fabriken verbessern.

Deutsche Bekleidungshersteller haben zwar mit komplexen Produktions- und Beschaffungsstrukturen zu kämpfen, dennoch haben sie Einfluss auf die Wahl ihrer Zulieferer, das Design ihrer Produkte und damit auch die Möglichkeit zur Einflussnahme auf die Verwendung von Chemikalien im Fertigungsprozess und im Endprodukt. Es gibt zahlreiche Maßnahmen, die Retailer zur Eliminierung gefährlicher Schadstoffe in ihrer Lieferkette ergreifen können. Es gibt dabei kein Universalrezept. Die Entwicklung und Umsetzung einer Strategie zum Umgang mit Chemikalien in der Supply Chain ist für jedes Unternehmen sehr individuell.

EN

Major brands are faced with the challenge of making their chemicals management along their supply chains fit for the future. An important driver of this development is the Greenpeace 'Detox' campaign, with its demands for the total elimination of any chemicals harmful to health and the environment along the supply chain. Currently, the discussions of the German Federal Ministry for Economic Cooperation and Development are addressing this issue as part of the Partnership for Sustainable Textiles. Meanwhile, media coverage is also raising the pressure in the public arena. There is a need for action – and retailers need to face up to this.

Given today's established business models such as outsourcing and the outright purchasing of finished goods, the options for retailers to bring influence to bear at a preliminary stage are often limited. German clothing manufacturers have become 'factory-less' marketers who focus mainly on design, brand leadership and sales by permanently relocating production to made-to-order suppliers in low-wage countries. Upstream raw textile products and raw materials are sourced worldwide and textile production now involves a great many participants. Retailers can either have a direct business relationship with suppliers, or indirectly through agents or importers. Production centres are often not organised vertically but rather award subcontracts. This often makes supply chains and business relationships complex and opaque. Under these circumstances, a company brand today hardly ever has a complete overview of its supply chain regarding how dangerous chemicals are deployed and released.

However, preventing the introduction of persistent, dangerous chemicals at the production location is part of a company's corporate responsibility. In spite of any structural challenges, German retailers are not only able but are also obliged to exert influence to mitigate the environmental impact of their clothing production processes.

Many companies today are already using their Restricted Substances List (RSL) to define which chemicals may be present in their end products, and to what limit value. However, the use of contaminants in production processes and their discharge into watercourses goes beyond the scope of local legislation and most brands make no demands on their suppliers in this respect. Nevertheless, the persistent and toxic properties of many textile chemicals are well known. The use, for example, of nonylphenol ethoxylates (NPEs) as surfactants in the manufacture of clothes is forbidden by law in the EU and, since 2005, a limit value of 0.1% has applied for imported products. But in countries outside the EU the use of NPEs as surfactants in detergents is still tolerated by retailers. As these substances function as detergents, they can be deployed in the production process and then washed out to comply with any demands made on the end product. The rinsed-out NPEs find their way into the water cycle where they degrade into nonylphenols which then build up in the food chain.

So, although limit values do in fact reduce the concentration of individual chemicals in the finished product they have no effect on the use of such chemicals in the production process or on their discharge into waste water. This means that targeted measures are required – measures that are effective at the process level. Such measures could include the introduction of a 'Manufacturers' Restricted Substances List' that regulates the application of dangerous substances in the manufacturing process, or a positive list that specifically defines the acceptability of certain substances in the production chain. Research has shown that even modern waste-water treatment processes cannot prevent contamination by some pollutants. For this reason, the application of chemicals must be permanently monitored and toxic substances must be replaced with non-hazardous alternatives.

Retailers are responsible for knowing where and how pollutants are deployed along their supply chain. They are also responsible for making information about the chemicals used in their production processes accessible to the public. They need to increase transparency in their supply chains and improve chemicals management at their production sites through targeted training and communication.

Although German clothing manufacturers have to wrestle with complex production and procurement processes, they still have an influence on their choice of supplier, the design of their products and consequently also the option to exert their influence on the use of chemicals in the production process and in the end-product. There are numerous measures that retailers can take to eliminate dangerous pollutants in their supply chain – but at the same time there is no one-size-fits-all solution. Each company has to find its own individual approach to the development and implementation of a strategy for dealing with chemicals along its supply chain.

Die Clean Clothes Campaign (CCC)
Clean Clothes Campaign (CCC)

Waltraud Waidelich

DE

Die Clean Clothes Campaign (CCC) gibt es heute in 17 europäischen Ländern. Sie arbeitet mit 250 Gewerkschaften und Arbeitsrechtsorganisationen in Ländern mit Textil- und Bekleidungsproduktion.

In Deutschland gründete sich die CCC 1996. Sie besteht aus 22 Trägerorganisationen, darunter die Christliche Initiative Romero, FemNet, das Eine-Welt-Netzwerk Sachsen, das Inkota-Netzwerk, Kirchliche Jugendverbände, das Frauenwerk der Nordkirche, die Katholische Landjugendbewegung, Südwind, Institut für Ökumene und Ökonomie, Verdi, GEW und die IGM u.a., Im Laufe der Zeit haben sich lokale Aktionsgruppen gegründet.

Wenn die CCC von Entlassungen wegen gewerkschaftlicher Aktivitäten oder von Kinderarbeit oder Zwangsarbeit erfährt und in der betreffenden Fabrik für eine deutsche Bekleidungsmarke oder einen Discounter genäht wird, werden Kampagnen gestartet, die die Missstände in die Öffentlichkeit bringen. Die Firmen werden aufgefordert, ihren Einfluss bei der Auftragsvergabe geltend zu machen und auf ihre Auftragnehmer einzuwirken, Gewerkschaften zuzulassen, die Arbeitszeiten der ILO-Normen zu beachten, Zwangs- oder Kinderarbeit zu unterbinden. Auch mehrere große Hamburger Bekleidungsfirmen waren bereits in den 90er Jahren und im Jahr 2005 Ziel der Kampagne.

Die CCC-Gruppen machen öffentlichkeitswirksame Aktionen, sind Gastgeberinnen bei Veranstaltungen anlässlich von Rundreisen, wo Näherinnen und Gewerkschafterinnen möglichst mit Firmenvertretern hier ins Gespräch gebracht werden. So werden Missstände öffentlich und Verantwortliche benannt. Auf diese Weise hat die CCC erreicht, dass Entlassungen in Indonesien oder Bangladesch rückgängig gemacht wurden und Näherinnen in Indonesien Abfindungen erhielten.

Mittlerweile haben viele Bekleidungsfirmen ihre Lieferanten auf einen freiwilligen Kodex von Sozialstandards verpflichtet. Recherchen haben allerdings gezeigt, dass sich dadurch für die Näherinnen nicht viel ändert. Sie leben weiter in bitterer Armut und schuften unter unmenschlichen Verhältnissen, während die Gewinne der Unternehmen steigen. In der eingestürzten Rana Plaza Fabrik in Dhaka im April

2013 ließen auch deutsche Bekleidungsfirmen produzieren. Die CCC hat dies offen gelegt und setzt sich für die Zahlung von Entschädigungen für die Hinterbliebenen der Toten und Versehrten ein.

Das öffentliche Bewusstsein hat sich durch unsere jahrelange zähe Aufklärungsarbeit und besonders nach dem Zusammenbruch von Rana Plaza verändert. KonsumentInnen wollen sozial-faire und ökologische Kleidung kaufen. Die Politik ist aktiv geworden. Dem Textilbündnis von Entwicklungshilfeminister Müller können sich seit Ende 2014 Firmen freiwillig anschließen und zu einer umfassenden einheitlichen Kontrolle der Lieferkette verpflichten. Auch unsere CCC-Kolleginnen waren am runden Tisch dabei und haben das Ergebnis mit geprägt. Der Haken ist die Freiwilligkeit, denn letzten Endes müssen die KäuferInnen entscheiden, ob sie ein sozial- und ökologisch gerechtes T-Shirt kaufen oder nicht. Was ist aber, wenn der Geldbeutel das nicht hergibt? Aus meiner Sicht sollte die Politik verbindliche rechtlich einklagbare Regeln setzen. Ein Weg wäre das Klagerecht für Näherinnen über Ländergrenzen hinweg. Zu diskutieren wären Handelsbarrieren für Länder, in denen Gewerkschaften unterdrückt werden und Löhne nicht einmal ausreichen, um Grundbedürfnisse zu befriedigen.

Im Verantwortungsdreieck Unternehmen, KonsumentIn und Politik könnte die Politik wesentlich mehr tun. Unser Kampagnenschwerpunkt ist seit dem Jahr 2014 ein menschenwürdiger, Existenz sichernder Lohn für alle Näherinnen. Wir folgen damit der Idee von asiatischen GewerkschafterInnen, die einen sog. Asiatischen Grundlohn entwickelt haben. Er bemisst sich daran, was Menschen wirklich zum Leben brauchen. Außerdem wurde er so konstruiert, damit er dem gegenseitigen Lohn-dumping der Herstellerländer ein Ende bereiten kann. Es wäre dann nicht mehr möglich, dass die Bekleidungsindustrie immer den niedrigsten Löhnen hinterher zieht.

Die CCC fordert in der aktuellen „lohnzumleben.de – Kampagne" einen Existenzlohn für alle Näherinnen. Unternehmen, KonsumentInnen und die Politik sollte dieses Menschenrechtsprojekt unterstützen!

EN

The Clean Clothes Campaign (CCC) is active in 17 European countries, and works with 250 unions and labour rights organisations in textile and garment manufacturing countries.

The German branch of the CCC was founded in 1996. It consists of 22 sponsor organisations, including the Romero Christian Initiative, FemNet, the Eine-Welt-Netzwerk Saxony, the Inkota Network, Christian youth organisations, the Northern Churches' women's association, the Catholic Rural Youth Movement, the Südwind Institute for Ecumenism and Economy, as well as the trade unions ver.di, GEW and IGM. Local working groups have been founded over time.

Whenever CCC discovers layoffs due to union activities, or child or forced labour, and the respective factory sews for a German clothing brand or discounter, it launches campaigns to publicise these cases. Companies are asked to make use of their influence when granting supply contracts and to appeal to their suppliers to permit unions, to follow the working times in the ILO standards and to rule out forced or child labour. Several large clothing companies from Hamburg were targets of campaigns in the 1990s and in 2005. CCC groups stage effective publicity campaigns and host events on the occasion of factory visits, during which, if possible, discussions take place between garment workers, union representatives and company representatives. These activities raise awareness of the issues involved and name those responsible. In this way, the CCC managed to get the laid-off workers in Indonesia and Bangladesh reinstated, and ensured that seamstresses in Indonesia received compensation.

In the meantime, many clothing companies have required their suppliers to sign up to voluntary codes of social standards. Research has shown, however, that these do not change much for the garment workers, who continue to live in extreme poverty and toil away under inhumane conditions – while the companies' profits increase. The Rana Plaza factory in Dhaka, which collapsed in April 2013, also manufactured garments for German clothing companies. The CCC publicised this and supported the payment of damages to the families of those who died or were injured. Public awareness has gradually changed due to our tenacious investigative and publicity work over many years, especially after the collapse of Rana Plaza. Consumers both male and female want to buy socially fair and environmentally sustainable clothing.

Politicians have also become active. Since the end of 2014, companies have the option of voluntarily joining the Partnership for Sustainable Textiles founded by German Development Aid Minister Müller, and thereby signing up to a comprehensive and standardised control of the supply chain. Our CCC colleagues took part in the round-table discussions and helped shape the result. The catch is that it is voluntary, since in the end it is shoppers who must decide whether they want to buy a socially and environmentally acceptable T-shirt. But what happens if they just don't have the budget for this? In my view, the government should introduce legally binding and enforceable rules. One solution would be giving garment workers a right to sue across national boundaries. There should be debate about trade barriers for countries that suppress unions and in which wages are not even sufficient to meet basic needs.

In the triangle of responsibility between companies, consumers and politicians, it is the politicians who could do much more. The focus of our campaigns since 2014 has been a humane, living wage for all garment workers. In this, we are taking up an idea from Asian union representatives who have developed what they call "Asia floor wage". It is based on a calculation of what people actually need to live on. It would also be constructed in such a way as to avoid the 'race to the bottom' of wage competition between manufacturing countries; it would then no longer be possible for the clothing industry to follow the lowest wages from country to country. In its current 'lohnzumleben.de' (Living Wage) campaign, the CCC demands a living wage for all garment workers. Companies, consumers and politicians should support this human-rights initiative!

Mythen hinterfragen – Armutslöhne in Osteuropa und der Türkei
Was tun Modemarken, um das Menschenrecht auf einen Lohn zum Leben umzusetzen?

Questioning the myths – poverty wages in Eastern Europe and Turkey
What are fashion brands doing to realize the basic human right to a wage people can live on?

Bettina
Musiolek

DE

MYTHOS „MADE IN EUROPE“

Eine neue Studie der Clean Clothes Campaign *„Im Stich gelassen – Armutslöhne für TextilarbeiterInnen in Osteuropa und der Türkei“* räumt auf mit diesem Mythos. “Made in Europe” ist keine Garantie für faire Arbeitsbedingungen – im Gegenteil. Der Lohn der NäherInnen in neun post-sozialistischen Ländern und der Türkei liegt laut Studie bei 14 bis 36 Prozent eines geschätzten Basis-Existenzlohnes. Diese dramatische Kluft zwischen dem Verdienst und dem, was zum Leben notwendig wäre, erklärt sich aus den extrem tiefen Löhnen im Verhältnis zu den Ladenpreisen, die teils höher sind als z.B. in Deutschland. Dabei verdienen viele der NäherInnen in der Region wesentlich mehr als ihre KollegInnen in China. Die Beschäftigten halten sich durch Zweitjobs und eigene Landwirtschaft über Wasser, mit der sie ihre kargen Bezüge subventionieren.

MYTHOS “TEUER IST FAIRER HERGESTELLT”

In Ländern wie Rumänien, Kroatien oder Georgien gibt es eine lange textile Tradition sowie hoch qualifizierte Arbeitskräfte. Premiummarken nutzen diesen Vorteil, zahlen jedoch Löhne unterhalb der Armutsgrenze. “NäherInnen in Europa, genau vor unserer Haustür, arbeiten hart und lange für einen Lohn, der nicht einmal für Lebensmittel ausreicht.“ (Bettina Musiolek). Fashion-Größen fahren trotz der Krise satten Gewinn ein. Die Arbeitsbedingungen in den genannten Produktionsländern aber haben sich seit der Krise 2008/09 noch mehr verschlechtert.” Während ein bekannter Modekonzern in seinem Nachhaltigkeitsbericht von einem „fairen und transparenten“, leistungsfördernden Entlohnungssystem spricht, fanden wir in Kroatien und der Türkei diese Bedingungen vor: Der Lohn der NäherInnen liegt weit unter einem Lohn zum Leben. In der Türkei und Kroatien verdienten befragte NäherInnen 36 – 40 Prozent eines Basis-Existenzlohnes. Weiter: Die erdrückende Mehrheit der ArbeiterInnen verdient nicht mal 60% des Durchschnittslohnes. 60% des Landesdurchschnittslohnes zeigt die Armutsschwelle an. Befragten ArbeiterInnen wurden nur 70 bzw. 90 Prozent davon gezahlt. Die CCC hat deshalb eine Beschwerde eingereicht.

MYTHOS „WIR ZAHLEN EINEN EXISTENZSICHERNDEN LOHN

“Viele „faire“ oder „nachhaltige“ Marken werben damit, Existenzlöhne zu zahlen. *Im Stich gelassen* zeigt, wie realitätsfern diese Behauptung ist, welche riesige Kluft zwischen dem tatsächlichen und einem existenzsichernden Lohn klafft. „Firmencheck“ beweist darüber hinaus, dass das Menschenrecht nicht einmal auf der Strategieebene der Markenfirmen angekommen ist – abgesehen von einigen wenigen Vorreiterfirmen.

EN

THE MYTH OF “MADE IN EUROPE”

A new study by the Clean Clothes Campaign “*Stiched up* – poverty wages for textile workers in Eastern Europe and Turkey” does away with this myth. “Made in Europe” is in no way a guarantee for fair working conditions – on the contrary. The wages for sewing machine operators in nine countries of the former communist block and in Turkey lies between 14 and 36 % of an estimated minimum living wage, according to this study. This dramatic gap between what people earn and what they need to live is explained by the relation of the extremely low wages to the prices in the shops, which are in some cases even higher than e.g. in Germany. And this although some of the sewing machine operators in the region earn much more than their colleagues in China. The workers can only make ends meet by having a second job and growing food on their own small plot of land to supplement their meagre income.

THE MYTH “EXPENSIVE GOODS ARE MORE FAIRLY PRODUCED”

There is a long tradition of textile production as well as highly qualified workers in countries such as Romania, Croatia or Georgia. Premium brands benefit from this advantage, but pay wages which lie below the poverty line. “Sewing machine operators in Europe, our direct neighbours, work hard and long hours for a wage which is not even enough to put food on the table.” (Bettina Musiolek). The big names of fashion reap huge profits despite the crisis. The working conditions in the production countries mentioned above, however, have deteriorated even more since the crisis of 2008/09. While one well-known fashion concern speaks in its sustainability report of a “fair and transparent” performance-based incentive compensation system, we found the following conditions when we investigated in Croatia and Turkey: the wage for the sewing machine operators is far below a living wage. In Turkey and Croatia, the sewing machine operators we polled earn 36–40 % of the minimum living wage. And further: the overwhelming majority of workers does not even earn 60% of the average wage. 60% of the average wage for the country indicates the poverty threshold. Polled sewing machine operatives were only paid 70 or 90 percent of this. CCC has therefore filed a complaint.

THE MYTH “WE PAY A LIVING WAGE”

Many “fair” or “sustainable” brands advertise with the claim that they pay a living wage. *Stiched up* shows how far removed this claim is from reality, the huge gap between the actual wage and a living wage. *Firmencheck* shows in addition that the issue of human rights has not even begun to dawn on strategic thinkers at the big brand name firms – with the exception of a few pioneers.

In wessen Haut steckst Du? Das schockierende Tierleid hinter Daunenjacken, Wollpullovern und Lederhandschuhen.

Whose skin are you wearing? The shocking suffering animals go through so that we can wear down parkas, woolen pullovers and leather gloves.

Frank
Schmidt

DE

Die markerschütternden Schreie gingen im November 2013 um die Welt. Sie stammen von einem Angora-Kaninchen. Auf einer Holzbank gefesselt wird ihm bei vollem Bewusstsein seine flauschige Wolle herausgerissen. Das Undercover-Video von PETA Asien löste Ende 2013 ein mittleres Erdbeben in der Modewelt aus. Zahlreiche Modeketten wurden von Kundenprotesten überschwemmt und versprachen nach Hintergrundgesprächen mit PETA, den Einkauf von Angorawolle unbefristet zu stoppen. China ist der weltweit größte Lieferant von Angorawolle und Pelzen und verfügt bis heute über kein staatliches Tierschutzgesetz. Selbst Hunde werden für Leder in China geschlachtet und als Handschuhe aus „Lammleder“ in alle Welt verkauft. Die PETA-Ermittlungen auf verschiedenen Angorafarmen verdeutlichten, wie wenig Kunden und Modeeinkäufer heute noch über die Realität der Tiere in der Bekleidungsindustrie informiert sind.

Das Problem: Ganz am Anfang einer endlosen Lieferkette stehen die Tiere auf den Farmen, die, unsichtbar für die Öffentlichkeit, in Einzelkäfigen oder Massenställen leiden. Auch für Gänsefarmer in Ungarn, Polen und China ist es weitaus lukrativer, den Tieren die wertvollen Daunen drei bis viermal im Jahr per schmerzhaftem Lebendrupf auszureißen als „nur“ einmal nach der Schlachtung. Neue Auditprogramme von Outdoorfirmen oder Modeketten bieten weiterhin keine hundertprozentige Garantie gegen Tierquälerei bei Daunen, denn die Kontrolleure kommen in der Regel nur einmal pro Jahr zu Besuch – häufig mit Anmeldung. Umso mehr setzt sich PETA bei Branchengrößen der Bekleidungsindustrie für die ausschließliche Verwendung von innovativen und wärmenden Füllmaterialien wie Thermoball™ ein. Auch die Pflanzenfaser Kapok eignet sich für die Füllung von Winterjacken. Es mangelt in der Branche nicht an tierfreien Textilfasern, aber Designer und Kunden greifen zu etablierten Materialien wie etwa Schafswolle.

Für Wollpullover erleiden Schafe schmerzhafte Qualen, die so gar nicht mit der Vorstellung einer idyllisch grünen Wiese vereinbar sind. In Australien leben über 74 Millionen Schafe. Die meisten davon sind extra auf Wollleistung gezüchtete Merinoschafe, die extrem faltige Haut haben und deshalb anfällig für einen todbringenden

Fliegenmadenbefall sind. Die Lämmer in Australien werden deshalb durch das sogenannten Mulesing verstümmelt, obwohl durch offene Fleischwunden ein erhöhtes Infektionsrisiko eintritt. Australische Verbände brachen gegenüber PETA 2010 ihr Versprechen, das standardmäßige Mulesing auslaufen zu lassen. Die systematische Tierquälerei geht weiter, und rund 93 Prozent der Schafe werden heute noch immer große Fleischstücke vom Hintern geschnitten. Eine erschütternde Undercover-Recherche von PETA USA deckte 2014 zudem auf, dass Arbeiter aus den USA und in Australien, dem weltgrößten Woll-Exporteur, Schafe während der Schur töteten, schlugen, traten, auf ihnen herumtrampelten, sie verstümmelten und herumwarfen. Dies waren keine Einzelfälle. In allen 19 von PETA besuchten Schurställen in verschiedenen Bundesstaaten beobachteten die Ermittler Tierquälereien dieser Art. Bei der Schur in Deutschland filmte PETA ebenfalls klaffende Schnittwunden. Den Schafen wird ihre anonyme Rolle als „Produzent" für Wolle oder Fleisch in Herden von zehntausenden Tieren zum Verhängnis.

Angesichts dieser schockierenden Realität stehen Modefreunde vor einer großen Herausforderung. Eine lückenlose Rückverfolgbarkeit ist bei Tierfasern nahezu unmöglich und die Verbraucher sind an extrem günstige Fast Fashion gewöhnt. Glücklicher wächst die Zahl tierfreier Modekollektionen und Label ständig. Jetzt liegt es an den Unternehmen, tierleidfreie Mode zu produzieren und gut sichtbar zu machen - und an den Menschen, vegane Mode zu kaufen.

EN

The shocking suffering animals go through so that we can wear down parkas, woollen pullovers and leather gloves.

The piercing screams echoed all around the world in November 2013. They came from an Angora rabbit. Strapped to a wooden bench and without any sedation, its fluffy wool is being torn out by the handful. The undercover video taken by PETA Asia set off a storm of protest which shook the fashion world to its foundations at the end of 2013. Many fashion chains were floaded with protests from their customers and, after holding talks in the background with PETA, promised to suspend purchases of Angora wool indefinitely. China is the biggest supplier of Angora wool and furs worldwide, and has to this day no statutory law on animal welfare. Even dogs are slaughtered in China for their leather and the "lambskin" gloves sold all around the world. The investigation which PETA carried out on a number of Angora farms makes it clear how little the customers and purchasers of the fashion houses know even today about the reality of how animals are treated in the clothing industry.

The problem: at the very beginning of the endlessly long supply chain are the animals on the farms, in tiny individual cages or mass compounds, far removed from the public eye. For goose farmers in Hungary, Poland or China, too, it is far more profitable to live-pluck the valuable down three or four times a year, at great pain to the bird, than "only" once, after it has been slaughtered. New audit schemes introduced by makers of outdoor clothing or fashion chains still cannot provide a 100% guarantee against cruelty in the production of down, since as a rule the inspectors only come once a year - and often announce their visit beforehand. All the more reason for PETA to lobby the big names in the sector to exclusively use innovative warming filler materials such as Thermoball™. The plant fibre kapok is also suitable as wadding for winter jackets. There is no lack of non-animal textile fibres in the sector, yet designers, like their customers, turn by preference to established materials such as sheep's wool.

Sheep go through painful torture for woollen pullovers, which have nothing to do with the ideas we may have of idyllic green pastures. More than 74 million sheep live in Australia. Most of these are merino sheep, selectively bred for their high wool yield, which have extremely wrinkled, baggy skin and are therefore vulnerable to fatal maggot infestation – “flystrike”. For this reason, the lambs in Australia are subjected to mutilation, removing skin through the practice of “mulesing” – although the open flesh wounds from this pose an elevated risk of infection. Representatives of the Australian industry reneged in 2010 on an earlier promise made to PETA to phase out routine mulesing. This means that the systematic cruelty to animals continues, and large strips of flesh are still cut from the hindquarters of some 93 percent of the sheep. A shocking undercover investigation by PETA USA in 2014 also found that workers in Australia, the world’s biggest exporter of wool, and the USA killed, battered, kicked, trampled on, mutilated and tossed sheep around during shearing. These were not just isolated cases, since the investigators observed cruelty of this kind in all 19 of the shearing pens visited by PETA in various states. PETA also filmed gaping wounds inflicted by sheep-shearing in Germany, too. The role of anonymous “producer” of wool or meat assigned to the sheep in flocks tens of thousands strong has become a curse for them.

In the light of this shocking reality, friends of fashion are faced with a great challenge. Full traceability is virtually impossible in the case of animal fibres, and consumers have got used to Fast Fashion at extremely low prices. On the upside, the number of non-animal fibre fashion collections and labels is constantly on the increase. It is now up to the enterprises to produce fashion free of cruelty to animals and to clearly signpost the fact - and up to people to buy Vegan fashion.

Fakten
Facts

Chemikalien I: Chemikalien in Bekleidung Nonylphenolethoxylate

Chemicals I: Chemicals in clothing Nonoxynols

DE

ANWENDUNG

Nonylphenolethoxylat (NPEO) wird als Hilfsmittel (Tensid) in der Textilveredlung verwendet. Da es als industrielles Reinigungsmittel vielfältig angewendet werden kann, kann es auch aus diesen Reinigungsprozessen als Verunreinigung in die Textilien gelangen.

In Deutschland erfolgte die Substitution durch weniger gefährliche Stoffe seit Anfang der 90er Jahre. In importierten Textilien werden immer noch häufig NPE gefunden.

EIGENSCHAFTEN

NPEO wird in Kläranlagen zu Nonylphenol (NP) abgebaut. NP wirkt in Fischen bereits in geringen Konzentrationen wie das weibliche Hormon Östrogen und verhindert ihre Fortpflanzung.

REGELUNGEN IN D/EU

Seit 1992: Freiwillige Selbstverpflichtung der Industrie, keine NPEO in Industriellen Wasch- und Reinigungsmitteln mehr einzusetzen.

Seit 2003: Mit der Richtlinie 2003/53/EG wird die Anwendung in der Textil- und Lederindustrie europaweite beschränkt. Die bestehende Beschränkung wurde in den Anhang XVII der REACH-Verordnung (Verordnung (EG) Nr. 1907/2006) überführt.

Seit 2012/2013: Identifizierung als besonders besorgniserregende Substanzen unter REACH aufgrund ihrer hormonellen Wirkung (NP im Dezember 2012, NPEO im Juni 2013).

Importierte Textilien sind bisher nicht geregelt, wurden aber als Problem erkannt. Schweden hat daher unter REACH ein Beschränkungsdossier für NP und NPEO in importierten Textilien bei der Europäischen Chemikalienagentur eingereicht. Die abschließende Entscheidung durch die Europäischen Kommission und wird für Anfang 2015 erwartet.

TEXTILSIEGEL/ ALTERNATIVEN

Auf Textilsiegel achten, die NPEO/ NP beschränken (z.B. GOTS, EU-Umweltzeichen, OEKO-TEX Standard 100).

EN

APPLICATION

Nonoxynol (NPE) is used as a surfactant in textile finishing. As it has a wide variety of uses as an industrial cleaning agent, it can also contaminate clothing as a result of cleaning processes. In Germany it has been substituted with less hazardous substances since the early 90s. However, NPEs are still frequently found in imported textiles.

PROPERTIES

NPE is broken down into nonylphenol (NP) in wastewater-treatment plants. In fish, even low concentrations of NP act like the female hormone oestrogen, preventing them from reproducing.

REGULATIONS IN D/EU

Since 1992: voluntary commitment of industry to stop using NPEs in industrial detergents and cleaning solutions.

Since 2003: Directive 2003/53/EC restricts the use of NPEs across Europe in the textile and leather industry. The existing restriction was transferred to Annex XVII of the REACH Regulation (Regulation (EC) No 1907/2006).

Since 2012/2013: identification as Substances of Very High Concern under REACH owing to their hormonal impact (NP in December 2012, NPE in July 2013).

Imported textiles have not been regulated so far, but have been recognised as being a problem. This is why Sweden submitted a restriction dossier under REACH to the European Chemicals Agency for NP and NPE in imported textiles. The European Commission will take the final decision, which is expected to be made in early 2015.

TEXTILE QUALITY SEALS/ ALTERNATIVES

Look out for textile seals or marks which restrict the use of NPE/NP (e.g. GOTS, EU Ecolabel, OEKO-TEX Standard 100).

Chemikalien II: Chemikalien in Bekleidung
Krebserregende und allergieauslösende Farbstoffe

Chemicals II: Chemicals in clothing
Carcinogenic and allergenic dyes

DE

ANWENDUNG

Farbmittel sind die wichtigste Gruppe der bei Textilien verwendeten Substanzen. Sie lassen sich einteilen nach Löslichkeit (Farbstoffe, Pigmente), chemischer Struktur (Azo-, Anthrachinon-, Metallkomplexfarbstoffe) und nach der Färbetechnik (z.B. Direktfarbstoffe, Reaktivfarbstoffe, Dispersionsfarbstoffe). Direktfarbstoffe sind wasserlöslich und werden durch physikalische Wechselwirkungen an die Faser gebunden. Auch Reaktivfarbstoffe sind wasserlöslich, sie werden aber chemisch an die Faser gebunden. Dispersionsfarbstoffe sind wasserunlösliche Substanzen kleiner Molekülgröße, die in synthetischen Fasern gelöst werden.

EIGENSCHAFTEN

Farbmittel sind im Hinblick auf mögliche gesundheitliche Risiken die bedeutendste Gruppe der Textilchemikalien. Ein entscheidendes Kriterium für ihre gesundheitliche Unbedenklichkeit ist, wie stark die Farbmittel an die Textilfaser gebunden sind. Wenn die Färbung nicht nach dem Stand der Technik erfolgt (z.B. Überfärbung, falsches Textilsubstrat), können Farbmittel durch Schweiß aus der Faser herausgelöst werden und auf die Haut gelangen. Niedermolekulare Farbstoffe mit hoher Fettlöslichkeit (z.B. Dispersionsfarbstoffe) können dann leicht über die Haut aufgenommen werden. Ein weiteres entscheidendes Kriterium ist die Toxizität der Farbmittel. Von gesundheitlicher Relevanz sind dabei die krebserregenden und allergieauslösende Eigenschaften.

Etwa die Hälfte der im Farbmittelkatalog „Colour-Index" gelisteten ca. 4000 Farbmittel sind Azofarbstoffe. Etwa 500 davon werden aus krebserregenden aromatischen Aminen hergestellt. Ihre Verwendung in Textilien ist in der EU verboten. Da einige dieser Farbstoffe aber auch heute noch kommerziell auf dem Weltmarkt erhältlich sind, können sie nach wie vor in Textilien nachgewiesen werden. Wenn sich diese Farbstoffe aus dem Textil lösen und durch die Haut in den Körper gelangen, werden sie wieder in aromatische Amine gespalten. Auch Hautbakterien können Azofarbstoffe spalten.

Etwa 2 % aller Kontaktallergien (ca. 4000 Fälle/Jahr), die in deutschen Hautkliniken registriert werden, werden auf Textilien zurückgeführt. Derzeit sind hauptsächlich Farbstoffe, v.a. Dispersionsfarbstoffe, die Auslöser. Die mangelnde Schweißechtheit der Färbung kann bei allergieauslösenden Farbstoffen zu Kontaktallergien führen.

GESETZLICHE REGELUNGEN IN DEUTSCHLAND UND DER EU

Gemäß der Bedarfsgegenständeverordnung und der Europäischen Chemikalienverordnung REACH ist die Verwendung von Azofarbstoffen verboten, wenn sie nach Spaltung die in diesen Verordnungen gelisteten krebserzeugenden aromatischen Amine in nachweisbaren Mengen freisetzen (Nachweisgrenze: 30 mg/kg pro Aminkomponente).

NACHWEISGRENZWERTE TEXTILLABEL

Beispielsweise gelten für das Textillabel OEKO-TEX® Standard 100 und das Umweltzeichen „Blauer Engel" folgende Nachweisgrenzwerte: verbotene Azofarbstoffe: 20 mg/kg pro Aminkomponente potentiell sensibilisierende Dispersionsfarbstoffe: 50 mg/kg

EN

APPLICATION

Dyes are the most important group of substances used in textile production. They can be differentiated in terms of solubility (dyes, pigments), chemical structure (azo, anthraquinone and metal-complex dyes) and dyeing technology (e.g. direct dyes, reactive dyes and dispersion dyes). Direct dyes are water-soluble and are fixed in the fibre by means of physical interactions. Reactive dyes are also soluble in water, but they are fixed in the fibre by chemical means. Dispersion dyes are small molecular substances that are insoluble in water and which are dissolved into synthetic fibres.

PROPERTIES

Dyes are the most significant group of textile chemicals regarding possible health risks. A decisive criterion for their product safety is how strongly the dye is fixed in the textile fibre. If the dyeing is not carried out in accordance with the latest technology (over-colouring, or the wrong textile substrate), dyes can be dissolved out of the fibre through sweat and end up on our skin. Low-molecular dyes (such as dispersion dyes) with a high solubility in fat can then easily be absorbed through the skin. A further decisive criterion is dye toxicity. Dyes' carcinogenic and allergenic characteristics have a relevance to health here.

Around half of the approximately 4,000 dyes and pigments listed in the Colour Index are azo dyes. Around 500 of these are produced from carcinogenic aromatic amines, whose use in textiles is forbidden in the EU. However, as some of these dyes are still commercially available on the world market today, they continue to be identified in textiles. If these dyes dissolve out of the textile and penetrate through the skin into our bodies they will split into aromatic amines again. Azo dyes can also be split by skin bacteria.

About 2% of all contact allergies registered in German skin clinics (around 4,000 cases a year) are traced back to textiles. Currently the main causes are dyes, particularly dispersion dyes. Inadequate fastness to perspiration can lead to contact allergies from allergenic dyes.

STATUTORY REGULATIONS IN GERMANY AND THE EU

According to the German Consumer Goods Ordinance and the European Registration, Evaluation, Authorisation and Restriction of Chemicals (REACH) Regulation, the use of azo dyes is forbidden if they release detectable quantities of the carcinogenic aromatic amines listed in this regulation when split (detection limit: above 30 ppm for each amine component).

TEXTILE-LABEL DETECTION LIMIT VALUES

The following detection limit values apply for the OEKO-TEX® Standard 100 textile label and the Blue Angel environmental certification: Prohibited azo dyes: above 20 ppm for each amine component. Potentially sensitising dispersion dyes: 50 ppm

Chemikalien III: Chemikalien in Bekleidung Phthalate

Chemicals III: Chemicals in clothing Phthalates

DE

ANWENDUNG

Phthalate sind als Weichmacher vor allem in PVC-Aufdrucken von Textilien, in Regenkleidung oder in Lederimitaten enthalten.

RAPEX-Funde in Lederimitaten für Kinderschuhe: z.B. Teile von Kinderschuhen mit > 23% Gewichtsanteil Diisohexylphthalat (DEHP) (RAPEX-Ref.: 1528/10), Grenzwert ist 0,1%

EIGENSCHAFTEN

Einige Phthalate haben fortpflanzungsgefährdende Eigenschaften. Aus der großen Gruppe der Phthalate sind insbesondere diejenigen als kritisch identifiziert worden, bei denen 4–6 Kohlenstoffatome im Seitenkettenrückgrat vorhanden sind.

REGELUNGEN IN D/EU

Unter REACH wurden bisher 13 Phthalate aufgrund ihrer fortpflanzungsgefährdenden Eigenschaften als besonders besorgniserregende Substanzen identifiziert. Die 4 mengenmäßig wichtigsten fortpflanzungsgefährdenden Phthalate dürfen in der EU ab 21.2.2015 nicht mehr ohne Zulassung verwendet werden, weitere werden voraussichtlich in Zukunft ins Zulassungsverfahren aufgenommen.

Beschränkungen laut REACH Anhang XVII: verschiedene Phthalate dürfen aufgrund ihrer fortpflanzungsgefährdenden bzw. toxischen Eigenschaften nicht in Spielzeug und Babyartikeln enthalten sein (> 0,1 Gewichts% des weichmacherhaltigen Materials).

Importierte Produkte sind unter REACH von der Zulassungspflicht ausgenommen, fallen aber unter die Beschränkungen. Dänemark hatte 2011 einen weiteren Beschränkungsvorschlag gemacht, der sich auf 4 Phthalate in Verbraucherprodukten bezog. Die beiden zuständigen REACH Gremien für Risikobewertung und Sozioökonomische Analyse hielten eine Beschränkung aber nicht für gerechtfertigt, da bestehende Maßnahmen als ausreichend angesehen werden und nach Berechnungen der Gremien die Exposition gegenüber den 4 Phthalaten zu keinem Risiko für Verbraucher führt.

Weitere EU-Regelungen für Phthalate bestehen z.B. in den Bereichen Lebensmittel-Verpackungen, Lebensmittel-Kontaktmaterial und Kosmetika. Spezielle Regelungen für Phthalate in Textilien gibt es derzeit nicht.

TEXTILSIEGEL/
ALTERNATIVEN

Auf Textilsiegel achten, die Phthalate beschränken (z.B. GOTS, EU-Umweltzeichen, OEKO-TEX Standard 100).

Verzicht auf Textilien die Materialien aus PVC enthalten.

EN

APPLICATION

Phthalates are softeners used mainly in PVC prints on textiles, in outdoor clothing and imitation-leather products.

RAPEX detection in imitation-leather products used in children's footwear: parts of children's footwear contained >23% by weight of diisohexyl phthalate (DIHP) (RAPEX REF.: 1528/10) – the maximum concentration limit is 0.1%.

PROPERTIES

Some phthalates have properties that are toxic to reproduction. From a large group of phthalates, those with a side-chain backbone 4-6 carbon atoms in length have been identified as critical.

REGULATIONS IN D/EU

So far REACH has identified 13 phthalate substances as being of very high concern owing to their reproductive toxicity. From a quantitative point of view, the four most important phthalates toxic to reproduction may no longer be used in the EU from 21 February 2015, unless authorised. Further phthalates are planned to be included in the authorisation process at a later date.

Restrictions under REACH Annex XVII: as they are toxic to reproduction or have other toxic properties, certain phthalates may not be used in toys or childcare articles (concentrations greater than 0.1% by weight of the material containing the softener).

Under REACH, imported products are exempt from the requirement to obtain authorisation; however, they are subject to restrictions. In 2011 Denmark proposed a further restriction based on 4 phthalates in consumer products. Both the REACH Committee for Risk Evaluation as well as the Committee for Socio-Economic Analysis deemed the restriction as being unjustified, as existing measures were considered adequate and, according to the Committees' evaluations, exposure to the four phthalates posed no risk to consumers.

Further EU phthalate regulations exist such as in the areas of food packaging, food-contact packaging materials and cosmetics. Currently no specific regulations exist covering phthalates in textiles.

TEXTILE QUALITY
SEALS/ALTERNATIVES

Look out for textile quality seals or marks which restrict the use of phthalates (e.g. GOTS, EU Ecolabel, OEKO-TEX Standard 100).

Avoid textiles containing PVC materials.

Chemikalien IV: Chemikalien in Bekleidung Per- und polyfluorierte Chemikalien (PFC)

Chemicals IV: Chemicals in clothing – Perfluorinated and polyfluorinated organic compounds (POCs)

DE

ANWENDUNG

PFC werden aufgrund ihrer wasser-, fett- und schmutzabweisenden Eigenschaften in Textilien eingesetzt. So werden PFC häufig in Outdoorkleidung und Arbeitskleidung oder für schmutzabweisende Teppiche verwendet. Auch Imprägniermittel für Bekleidung und Schuhe enthalten oft PFC.

Die besonders gefährlichen Stoffe Perfluoroktansulfonsäure (PFOS) und Perfluoroktansäure (PFOA) werden nicht direkt in Textilien eingesetzt. Zum Einsatz kommen hier PFC, die PFOS oder PFOA als Verunreinigungen enthalten können oder zu PFOS bzw. PFOA abgebaut werden.

In den letzten Jahren wurden diese sogenannten langkettigen PFC zunehmend durch kurzkettige PFC (PFC mit einer Kohlenstoffkette von bis zu sechs Kohlenstoffatomen) ersetzt.

Inzwischen kann Outdoorbekleidung mit wasserabweisenden Eigenschaften auch PFC-frei produziert werden.

EIGENSCHAFTEN

Gelangen PFC in die Umwelt, verbleiben sie dort sehr lang, da sie weder biotisch noch abiotisch abgebaut werden können. Sie sind weltweit in der Umwelt verbreitet. Sogar in entlegenen Gebieten wie der Arktis sind sie nachweisbar. Über Luft, Wasser und Nahrung nehmen Organismen PFC auf. PFC mit einer langen Kohlenstoffkette reichern sich in Organismen an. Kurzkettige PFC sind hingegen sehr mobil, so dass sie bis ins Grundwasser und ins Trinkwasser gelangen können. Einige PFC wirken toxisch und schädigen die Fortpflanzung.

Wegen der o.g. Eigenschaften empfiehlt das UBA Outdoorkleidung PFC-frei zu produzieren.

REGELUNGEN IN D/EU

PFOS: In der EU ist das Inverkehrbringen und Anwenden von PFOS, bis auf wenige Ausnahmen, seit 2008 verboten. Darüber hinaus wurde PFOS 2010 als persistenter organischer Schadstoff (engl. POP – persistent organic pollutant) gemäß Stockholmer Konvention (Verordnung (EG) Nr. 850/2004) klassifiziert. Für Textilien gilt ein Grenzwert von 1µg/m².

PFOA: Identifizierung als besonders besorgniserregende Substanz unter REACH (Verordnung (EG) Nr. 1907/2006) aufgrund ihrer persistenten, bioakkumulierenden und toxischen sowie reproduktionstoxischen Eigenschaften (2013). Ende 2014 wurde ein Vorschlag zur Beschränkung von PFOA, deren Salze und Vorläuferverbindungen bei der europäischen Chemikalienagentur eingereicht. Herstellung, Vermarktung, Import und Verwendung dieser Verbindungen sollen damit in der EU verboten werden. In Norwegen ist die Verwendung von PFOA in Verbraucherprodukten seit 2014 verboten (Grenzwert in Textilien 1µg/m²).

GRENZWERTE TEXTILLABEL

Auf Textilsiegel achten, die die Anwendung von PFC ausschließen (z.B. GOTS).

Kauf von PFC-freier Outddorbekleidung.

EN

APPLICATION

PFCs are used in textiles owing to their water, fat and dirt-repellent properties. As such, PFCs are commonly used in outdoor clothing, workwear and dirt-resistant carpeting. Impregnating agents for clothing and footwear also often contain PFCs.

The highly toxic substances perfluorooctane sulfonate (PFOS) and perfluorooctance acid (PFOA) are not used directly in textiles. Here, PFCs are used which may contain PFOS or PFOA as impurities, or which can decompose into PFOS or PFOA.

In recent years, these long-chain PFCs have been increasingly replaced by short-chain PFCs (PFCs with a carbon chain up to 6 carbon atoms in length).

Waterproof outdoor clothing can now be manufactured without using PFCs.

PROPERTIES

If PFCs reach the environment they remain there for a very long time, as they are not degradable, neither biotically nor abiotically. They are widespread throughout the global environment – even in remote regions such as the Arctic. Organisms absorb PFCs via the air, water and food. Whereas long carbon-chain PFCs accumulate in organisms, short carbon-chain PFCs are highly mobile and capable of infiltrating ground water and drinking water. Some PFCs are toxic to reproduction.

Owing to the above properties, the German Federal Environmental Agency recommends producing outdoor clothing free of PFCs.

REGULATIONS IN D/EU

PFOS: in the EU, the placing on the market and use of PFOS, with a few exceptions, has been banned since 2008. In addition, in 2010 PFOS was classified as a Persistent Organic Pollutant (POP) under the Stockholm Convention (Regulation (EC) No 850/2004). For textiles, a maximum concentration limit of 1µg/m² applies.

PFOA: classified as a Substance of Very High Concern under REACH (Regulation (EC) No 1907/2006) owing to its persistent, bioaccumulative toxic properties as well as its reproductive toxicity (2013). At the end of 2014 a proposal was submitted to the European Chemicals Agency to restrict PFOA, its salts and its precursors. This is intended to bring about a ban on the production, marketing, importing and use of these compounds in the EU. In Norway, the use of PFOA in consumer products has been banned since 2014 (for textiles, a maximum concentration limit of 1µg/m² applies).

PERMISSIBLE-VALUE TEXTILE LABELS

Look out for textile labels which ban the use of PFCs (e.g. GOTS).

Buy PFC-free outdoor clothing.

Chemikalien V: Chemikalien in Bekleidung
Antimikrobiell wirksame Ausrüstungsmittel (Biozide)

Chemicals V: Chemicals in clothing
Finishing agents with an antimicrobial effect (biocides)

DE

ANWENDUNG

Ausgehend von einem gesteigerten Hygienebewusstsein werden zunehmend auch körper-nah getragene Textilien (z.B. Sport- und Freizeitkleidung, Socken) mit antimikrobiell wirksamen Substanzen ausgestattet. Die entsprechende Behandlung der Textilfaser soll der Geruchsbildung entgegenwirken, indem sie die Zersetzung von Schweiß durch Bakterien verhindert. Angewendet werden vor allem Silber und Silberverbindungen, quaternäre Ammoniumsalze und Isothiazolinone. Eine weitere Möglichkeit ist die Ausrüstung von Textilien mit Nanosilber, welches z.B. als feine Silberfäden mit der Textilfaser verwoben wird.

EIGENSCHAFTEN

Boi antibakteriell ausgerüsteten Textilien stellt neben möglichen allergischen Reaktionen und einer möglichen Beeinträchtigung der hauteigenen Bakterienpopulation die Resistenzbildung ein Problem dar. Das Bundesinstitut für Risikobewertung (BfR) beurteilt die zunehmende Ausrüstung von Textilien mit antimikrobiell ausgerüsteten Substanzen, darunter Silber, kritisch. Für Silber besteht dabei das Risiko, dass eine zunehmend unkontrollierte, großflächige und niedrig dosierte Anwendung in Alltagsprodukten dazu führt, dass die Konzentration an Silberionen nicht immer ausreichend ist, um Bakterien abzutöten. Wenn Bakterien in Gegenwart von Silber überleben, können sich Resistenzmechanismen gegen Silber ausbilden. Zudem wird durch den Einsatz von Silber in Textilien auch die Ausbreitung von multiresistenten Keimen gegen Antibiotika gefördert (Kreuzresistenz).

GESETZLICHE REGELUNGEN IN DEUTSCHLAND UND DER EU

Nach der neuen Europäischen Biozidverordnung (EU) Nr. 525/2012 unterliegen biozide Wirkstoffe einer Wirkstoffprüfung auf europäischer Ebene und anschließend einem nationalen Produktzulassungsverfahren, in dem die beantragten Verwendungen geprüft werden. Derzeit gilt noch eine Übergangsphase, in der die Biozidprodukte, die in Deutschland auf dem Markt sind, nach der Biozid-Meldeverordnung registriert sein müssen.

Die Europäische Biozidverordnung gilt nicht nur für Biozidprodukte (z.B. Desinfektionsmittel), sondern auch für mit Bioziden behandelte Waren. Die für die Behandlung von Textilien zugelassenen Biozide fallen unter die Produktart 9 (Textilschutz gegen mikrobielle Schädigung, Unterbindung von Gerüchen) und die Produktart 18 (Fraßschutz gegen Arthropoden). Die Biozidgesetzgebung schließt auch behandelte Importwaren aus Nicht-EU-Ländern mit ein.

Mit der neuen Biozidgesetzgebung sind Kennzeichungsvorschriften und Informationspflichten verbunden. Eine Kennzeichnung der behandelten Ware ist erforderlich, wenn der Hersteller Angaben zu bioziden Eigenschaften dieser Ware macht (z.B. ‚antibakteriell') oder beispielsweise Verbraucher bei Kontakt mit dem Wirkstoff eine Allergie entwickeln könnten oder der Wirkstoff in die Umwelt freigesetzt wird und eine Kennzeichnungspflicht daher bei der Wirkstoffgenehmigung festgelegt wurde. In diesen Fällen muss das Produkt-Etikett u.a. eine Erklärung über die Biozidbehandlung, eine Bezeichnung aller Wirkstoffe sowie alle einschlägigen Verwendungsvorschriften (einschließlich zu treffender Vorsichtsmaßnahmen) enthalten. Unabhängig von der Kennzeichnung muss auf Antrag des Verbrauchers der Lieferant einer behandelten Ware binnen 45 Tagen kostenlos Informationen über die biozide Behandlung zur Verfügung stellen.

EN

APPLICATION

In response to consumers' increased hygiene awareness, more and more textiles worn close to the body (such as sports and leisure clothing and socks) are treated with antimicrobial substances. The corresponding textile treatment is designed to counteract the accumulation of odours by inhibiting the decomposition of sweat by bacteria. Silver and silver compounds, quaternary ammonium salts, chitosan compounds, isothialozins and particularly triclosan are the main inhibitors used. A further option is to finish textiles with nanosilver, which can be woven with the textile fibre as fine silver threads, for example.

PROPERTIES

With antimicrobially finished textiles, besides possible allergic reactions and potential impact on the skin's own bacterial balance, the development of microbial resistance also represents a problem. The German Federal Institute for Risk Assessment (BfR) considers the increased finishing of textiles with antimicrobial substances, including silver and triclosan, to be critical. There is a risk that increasingly unchecked, extensive and low-dose administration of silver in day-to-day products may lead to the concentration of silver ions not always being sufficient to kill bacteria. If bacteria survive in the vicinity of silver, resistance mechanisms towards silver can then develop. The use of silver in textiles also promotes the spread of germs with multiple resistances to antibiotics (cross-resistance). The same applies with the disinfecting agent triclosan, which is used in many consumer products. For this reason, the BfR has already recommended that the use of triclosan be limited to the medical sector, in order to prevent the transfer of disease-spreading germs.

STATUTORY REGULATIONS IN GERMANY AND THE EU

Under the new EU Biocidal Products Regulation (EU) 525/2012, biocide agents are subject to an evaluation of their active ingredients on a European level and, subsequently, to a national product approval process in which the requested product applications are tested. An interim phase still currently applies, where the biocide agents used in Germany must be registered in accordance with the German Ordinance on Notification of Biocidal Products.
The European Biocide Regulation not only applies to biocide products (such as disinfectants), it also applies to any goods treated with biocides. The biocides approved for the treatment of textiles come under Product Type 9 (textile protection against microbial harm, inhibition of odours) and Product Type 18 (defence against arthropods). The biocide legislation also includes any treated imported goods from non-EU countries.

The new biocide legislation sets out binding labelling specifications and obligations to provide information. A labelling of the treated product is necessary if the manufacturer makes references to the biocide properties (such as "antibacterial") of the product, if consumers come in contact with the agent, or if the agent is released into the environment. In these cases the product label must include an explanation of the biocide treatment, an indication of all the agents and all relevant instructions for use (including any appropriate precautionary measures). On application by the user, the supplier of such treated products must make information about the biocide treatment available free of charge within 45 days.

Chemikalien VI: Chemikalien in Bekleidung Organozinnverbindungen

Chemicals VI: Chemicals in clothing Organotin compounds

DE

ANWENDUNG

Organozinnverbindungen können als Biozidprodukte in der Textilveredlung verwendet werden. Außerdem werden Organozinnverbindungen als Stabilisatoren für die Kunststoffherstellung eingesetzt und können daher als Verunreinigungen in Materialien aus PVC (z.B. Teile von Schuhen) enthalten sein.

EIGENSCHAFTEN

Organozinnverbindungen sind als giftig für den Menschen und aquatische Lebensgemeinschaften eingestuft. Einige Verbindungen (Dibutyl- und Triphenylzinnverbindungen) sind als fortpflanzungsgefährdend und fruchtschädigend eingestuft.

REGELUNGEN IN D/EU

Seit dem 1. September 2006 dürfen tri-substituierte TBT- und TPT-Verbindungen in der EU in Biozid-Produkten nicht mehr vermarktet werden.

Im Mai 2009 beschloss die Europäische Kommission zinnorganische Verbindungen in Erzeugnissen zu beschränken. Die Verbindungen dürfen nicht mehr verwendet werden, wenn die Konzentration von Zinn in dem Erzeugnis oder in Teilen davon 0,1 Gewichtsprozent übersteigt. Dies gilt seit dem 1. Juli 2010 für tri-substituierte zinnorganische Verbindungen wie Tributylzinnverbindungen (TBT) und Triphenylzinnverbindungen (TPhT).

Für Dibutylzinnverbindungen (DBT) gilt dies – mit einigen Ausnahmen - seit dem 1. Januar 2012 für Gemische und Erzeugnisse, die dazu bestimmt sind, an die breite Öffentlichkeit abgegeben zu werden.

Dioctylzinnverbindungen (DOT) dürfen seit dem 1. Januar 2012 nicht mehr in bestimmten Erzeugnissen verwendet werden, z.B. in Textilartikeln und Schuhen, die dazu bestimmt sind mit der Haut in Kontakt zu kommen, oder in Babyartikeln und Windeln.

Für einzelne Verbindungen der Stoffgruppe liegen Umweltqualitätsnormen auf nationaler und europäischer Ebene vor. Umweltqualitätsnormen dienen dazu, das Vorkommen bestimmter chemischer Stoffe, die ein erhebliches Risiko für die Umwelt oder die menschliche Gesundheit darstellen, in den Oberflächengewässern zu begrenzen. (z.B: Monobutylzinn, Tributylzinn, Tetrabutylzinn).

TEXTILSIEGEL/ ALTERNATIVEN

Auf Textilsiegel achten, die Organozinnverbindungen beschränken (z.B. GOTS, EU-Umweltzeichen, OEKO-TEX Standard 100)

EN

APPLICATION

Organotin compounds can be used as biocidal products in textile finishing. These compounds are also used as stabilisers in the manufacture of plastic and may therefore be present as impurities in materials such as PVC (e.g. parts of footwear).

PROPERTIES

Organotin compounds are classified as being toxic to humans and aquatic communities. Some compounds (dibutyl and triphenyl) are classified as being toxic to reproduction.

REGULATIONS IN D/EU

Since 1 September 2006 tri-substituted TBT and TPT compounds may no longer be marketed in biocidal products within the EU.

In May 2009 the European Commission decided to restrict organotin compounds in articles. The compounds may no longer be used if the concentration exceeds 0.1% by weight of tin in the article, or part there of.

Since 1 July 2010 this has also applied to tri-substituted organotin compounds such as tributyltin (TBT) and triphenyltin (TPhT) compounds.

In the case of dibutyltin (DBT) compounds, since 1 January 2012 this has also applied (with some exceptions) to mixtures and articles for supply to the general public.

Since 1 January 2012 dioctyltin (DOT) compounds may no longer be used in certain articles such as textile articles and footwear intended to come into contact with the skin, as well as in childcare articles and nappies.

Environmental quality standards apply at a national and European level to some classes of compounds. Environmental quality standards also serve to restrict the presence in surface waters of certain chemical substances which pose a considerable risk to the environment or human health (e.g. monobutyltin, tributyltin and tetrabutyltin).

TEXTILE QUALITY SEALS/ ALTERNATIVES

Look out for textile quality seals or marks which restrict the use of organotin compounds (e.g. GOTS, EU Ecolabel, OEKO-TEX Standard 100).

Chemikalien VII: Chemikalien in Bekleidung Nano-Silber

Chemicals VII: Chemicals in clothing Nanosilver

DE

ANWENDUNG

Nanosilber wird wegen seiner bakteriziden Wirkung verbreitet in Textilien wie Sportbekleidung, Strümpfen und Hemden eingesetzt. Auch Artikel mit relativ kurzer Nutzungszeit, wie Putztücher, werden mit Nanosilber ausgerüstet. Durch die Verwendung von Silberverbindungen sollen Gerüche vermieden werden, die durch die mikrobielle Zersetzung von Schweiß entstehen.

In Abhängigkeit von der Einbindungsform von Nanosilber in die Fasern kann bis zu 100% des Silbers aus den Textilien ausgewaschen werden und gelangt so in die Kläranlagen.

EIGENSCHAFTEN

In geringen Mengen hat Nanosilber

beim Menschen keine gesundheitlichen Auswirkungen.

Kolloidales Silber wirkt toxisch auf Wasserorganismen und ist daher als stark wassergefährdend (Wassergefährdungsklasse 3) eingestuft. Zahlreiche Studien zeigen die aquatoxische Wirkung von Nanosilber; darüber hinaus wurden auch Effekte auf bodenlebende Organismen gefunden.

Die Daten zu toxikologischen und ökotoxikologischen Eigenschaften der in Textilien verwendeten Nanomaterialien - wie auch Silber - sind oft nicht vollständig und vergleichbar, so dass derzeit keine abschließende Bewertung der Risiken möglich ist.

Für die gesundheitliche Beurteilung von Textilien, die Nanosilber enthalten, sind zwei wesentliche Fragen nicht abschließend geklärt: 1. Wie wirkt in Textilien enthaltenes Nanosilber langfristig auf die natürliche Hautflora. 2. Führt die unkontrollierte, großflächige und niedrig dosierte Anwendung von Silber und Nanosilber in Alltagsprodukten zur Selektion von silberresistenten Mikroorganismen.

Wegen dieser offenen Fragen empfehlen das Bundesinstitut für Risikobewertung und das Umweltbundesamt, dass Silber (und Nanosilber) als antimikrobiell wirksame Substanz nicht in breitem Umfang außerhalb klinischer Anwendungen in Verbraucherprodukten eingesetzt werden sollte.

REGELUNGEN IN D/EU

Im Hinblick auf Nanosilber gibt es für den Bereich der Textilien keine spezifischen gesetzlichen Regulierungen. Produkte (in diesem Fall Textilien), die mit Nanomaterialien ausgerüstet sind und mit einer bioziden Wirkweise ausgelobt sind (z.B. antibakteriell), sind nach Europäischer Biozid-Verordnung (Verordnung 528/2012/EG) kennzeichnungspflichtig.

Im Rahmen der Europäischen Chemikalienverordnung REACH werden Nanomaterialien grundsätzlich zwar erfasst, aber es bestehen bisher keine spezifischen Anforderungen hinsichtlich der Datenbasis und Risikobewertung. Auf europäischer Ebene werden zurzeit verschiedene Anpassungsoptionen diskutiert. Auch die Bundesoberbehörden (BAuA, BfR und UBA) haben ein gemeinsames Konzept hierzu entwickelt.

ALTERNATIVEN

Verzicht auf antimikrobiell, geruchshemmend ausgerüstete Freizeitbekleidung.

EN

APPLICATION

Because of its antibacterial effect, nanosilver is used widely in sportswear, socks and shirts. Even products with a relatively short life, such as cleaning cloths, are treated with nanosilver. The use of silver compounds is designed to inhibit odours released by the microbial breakdown of sweat.

Depending on the way the nanosilver particles are incorporated into the fibres, up to 100% of the silver can be washed out of the textiles – resulting in particles reaching wastewater treatment plants.

PROPERTIES

In small quantities, nanosilver does not affect human health.

However, colloidal silver is toxic to water organisms. Consequently, it is classified as being highly hazardous to waters (WGK 3). Numerous studies show that nanosilver is toxic to aquatic organisms. In addition, it was found to effect ground-based organisms.

Data on the toxicological and ecotoxicological properties of nanomaterials used in textiles – including silver – is often incomplete and incomparable. This means the risks cannot be evaluated conclusively at this time.

When assessing the impact to health of textiles containing nanosilver, conclusive answers to two key questions are still outstanding: 1. What is the long-term effect of textiles containing nanosilver on natural skin flora? 2. Will uncontrolled large-scale and low-dosage use of silver and nanosilver in everyday products lead to the development of silver-resistant microorganisms through natural selection?

As these questions remain unanswered, the German Federal Institute for Risk Assessment (BfR) and Federal Environmental Agency (UBA) recommend that silver (and nanosilver) not be used widely as an antimicrobial agent in consumer products, except in medical applications.

REGULATIONS IN D/EU

No specific statutory regulations exist governing the use of nanosilver in textiles. Products (in this case textiles) treated with nanomaterials and marketed as being biocidal (e.g. antibacterial) must be labelled under the EU Biocidal Products Regulation (EU) No 528/2012.

While the EU REACH Regulation does in principle cover nanomaterials, no specific requirements currently exist regarding databases and risk evaluation. At a European level, various harmonising options are currently being discussed. To this end the higher German Federal Agencies (BAuA – Federal Institute for Occupational Safety and Health, BfR and UBA) have developed a joint strategy.

ALTERNATIVES

Avoid antimicrobial, odour-inhibiting leisure clothing.

Perspektiven
Prospects

Die Zukunft der textilen Produktion – Trends einer nachhaltigen Entwicklung

The future of textile production – trends in sustainable development

Marina Beermann

DE

Die Zukunft ist prinzipiell offen, das wissen wir. Das ist grundsätzlich gut, weil durch diese Erkenntnis auch die Hoffnung ermöglicht wird, dass Veränderungen in die richtige Richtung stattfinden können. Mit „richtig" ist hierbei vor allem eine nachhaltige Entwicklung gemeint, d.h. eine Verbesserung und teils Stabilisierung der sozialen, ökologischen sowie ökonomischen Beschaffenheit unserer Lebensverhältnisse weltweit.

Die Herstellung von Textilien ist verbunden mit vielfältigen nachhaltigkeitsbezogenen Herausforderungen, hierbei vor allem sozialen Aspekten wie die Sicherstellung guter und fairer Arbeitsbedingungen entlang der gesamten Lieferkette sowie ökologischen Aspekten wie beispielsweise der Einsatz von Chemikalien in Färbeprozessen. Die globale Textilproduktion ist unbestritten ein Feld, indem noch sehr viel Handlungsbedarf in Sachen Nachhaltigkeit existiert, und doch gibt es gute Gründe für Hoffnung – die folgenden Zeilen können hierfür als vorsichtiges Plädoyer verstanden werden. Sowohl auf Ebene der Politik, der Ebene der Unternehmen sowie der Konsumenten lassen sich im Rahmen der Textilwirtschaft Entwicklungen erkennen, die wichtige Voraussetzungen schaffen für eine nachhaltige textile Produktion. Im Folgenden sollen aktuelle Entwicklungen auf Ebene der Politik – im nationalen sowie internationalen Kontext – skizziert werden.

In verschiedenen Ländern Europas sind seit 2007 ambitionierte nationale Aktionspläne entstanden, die sich zum Ziel gesetzt haben „soziale, ökologische und ökonomische Nachhaltigkeit entlang der gesamten Textilkette kontinuierlich zu verbessern" (Bündnis für Nachhaltige Textilien 2014, Aktionsplan).[1] Neben dem in Deutschland agierenden Bündnis für Nachhaltige Textilien, welches 2014 auf Initiative des Bundesentwicklungsministers Dr. Gerd Müller gegründet wurde, existieren sowohl in den Niederlanden (Plan of Action

1 Aktionsplan Bündnis für nachhaltige Textilien, http://www.bmz.de/de/zentrales_downloadarchiv/Presse/Textilbuendnis/Aktionsplan_Buendnis_fuer_nachhaltige_Textilien.pdf

Dutch Textile Sector/2013), in Dänemark (NICE/2009), als auch in Großbritannien (Sustainable Clothing Action Plan/ 2007) vergleichbare Initiativen. Sie alle vereint, dass es sich um Multi-Stakeholder Initiativen handelt – d.h. Politik, NGOs, Zivilgesellschaft und Unternehmen arbeiten zusammen an einer Verbesserung der sozialen, ökologischen und ökonomischen Missstände in der globalen Textilproduktion mit dem Wunsch, konkrete Änderungen bewirken zu können.

Während die Teilnahme an den hier genannten Aktionsplänen/Bündnissen und die damit einhergehende Verfolgung und Umsetzung der definierten Ziele freiwilliger Natur ist, wird hingegen in Frankreich ein anderer Weg beschritten. Hier liegt ein Gesetzesentwurf vor, der die Einführung einer Sorgfaltspflicht im Kontext sozialer und ökologischer Pflichten von Unternehmen vorsieht. Für Unternehmen bedeutet dies, dass sie für die von ihren unternehmerischen Tätigkeiten ausgehenden möglichen negativen Auswirkungen, wie beispielsweise Menschenrechtsverletzungen oder einer Verursachung von Umweltschäden entlang ihrer gesamten Lieferketten Sorge trage müssen. Hierbei beruht die Sorgfaltspflicht auf dem Grundsatz der Antizipation, d.h. ein Unternehmen kann bei einem Schadensfall nur dann aus der Haftung ausgenommen werden, wenn es nachweisen kann, dass es alle notwenigen und zumutbaren Schritte zur Schadensverhütung unternommen hat. Dies wird folglich dazu führen, dass Unternehmen aus Sicht der Risikovorsorge entsprechende Systeme zur Sicherstellung von „Social & Environmental Compliance" (verstärkt) einführen werden, um einer möglichen Haftung vorzubeugen. In Deutschland liegt seit dem 07. Oktober 2014 seitens der Fraktion Bündnis 90/Die Grünen ein vergleichbarer Antrag vor. Ob es zu einer Einführung kommen wird, ist prinzipiell offen. Ungeachtet dessen, existieren neben den hier Genannten, weitere Entwicklungen (z.B. EU-Richtlinie zur Offenlegung nichtfinanzieller Informationen, Umsetzung der UN-Leitprinzipien für Wirtschaft und Menschenrechte im Rahmen eines nationalen Aktionsplans, OECD Leitsätze für multinationale Unternehmen), die verdeutlichen, dass die Transformation der textilen Produktion bereits begonnen hat – nun gilt es diesen Prozess unter Berücksichtigung der jeweiligen Handlungsmöglichkeiten einzelner Akteure weiter voranzutreiben. Hierbei steht sowohl die Ebene der Politik, der Unternehmen sowie der Konsumenten in der Verantwortung!

EN

In principle the future is unwritten. This much we know. This is a good thing on the whole, because this realisation also affords us hope that changes in the right direction may take place. "Right" here means 'sustainable development' in particular, that is, an improvement and partial stabilisation of the social, environmental and economic quality of our living conditions worldwide. The manufacture of textiles is linked to many sustainability-related challenges, in particular social aspects such as ensuring good and fair working conditions along the entire supply chain, as well as environmental aspects – for example the use of chemicals in dyeing processes. Global textile production is unarguably a field in which there is still a great need for action with regard to sustainability. Nevertheless, there are good reasons for hope and the following lines may be taken as a cautious argument for this view. Within the textile industry, developments can be recognised both on the governmental, corporate and consumer levels, which establish key preconditions for sustainable textile production. The text that follows aims to offer an outline of current developments in the political sphere, in the national as well as an international context.

Since 2007, various countries within Europe have developed ambitious national action plans with the goal of "continuously improving social, environmental and economic sustainability along the whole textile chain" (Association for Sustainable Textiles 2014, action plan).[1] Besides the Association for Sustainable Textiles active in Germany and founded in 2014 on the initiative of Federal Development Minister, Dr Gerd Müller, there are comparable initiatives in the Netherlands (Plan of Action Dutch Textile Sector/2013), in Denmark (NICE/2009) and in the UK (Sustainable Clothing Action Plan/2007). What unites them all is that they are multi-stakeholder initiatives, that is, governments, NGOs, civil society and companies working together on improving the social, environmental and economic conditions in global textile production with the goal of achieving tangible changes.

Whereas participation in the above-mentioned action plans or associations is voluntary, as is pursuing and implementing the defined goals that go along with them, France is taking a different path. Here, there is draft legislation to plan the introduction of due diligence in the context of social and environmental obligations on the part of companies. This means that companies will have responsibility for any potential negative effects, for example human-rights violations or causing environmental damage, as a result of their entrepreneurial activity along the entire supply chain. Due diligence here rests on the principle of anticipation, i.e. a company may only be excluded from liability in case of damage if it can show that it undertook all necessary and reasonable steps to prevent such damage. This will lead to

1 Action plan published by the Association for Sustainable Textiles, http://www.bmz.de/de/zentrales_downloadarchiv/Presse/Textilbuendnis/Aktionsplan_Buendnis_fuer_nachhaltige_Textilien.pdf

a situation in which companies, from the point of view of risk provision, will introduce (enhanced) systems to ensure 'social & environmental compliance' in order to prevent potential liability. On 7 October 2014, the German parliamentary group Bündnis 90/Die Grünen submitted a similar proposal. Whether this will lead to a law being passed remains open. Nevertheless, there are other developments in progress besides those named here (e.g. an EU guideline on declaring non-financial information, implementation of the UN Global Compact Principles on industry and human rights as part of national action plans, OECD guidelines for multinational companies) that provide evidence that the transformation of textile production has already begun. It is now important to drive this process forward, taking into account the respective opportunities for action open to individual actors. Responsibility here lies equally with governments, companies and consumers!

Kreislaufwirtschaft
The Circular Economy

Ina
Budde

DE

Das Konzept der Kreislaufwirtschaft verfolgt das Ziel, verarbeitete Rohstoffe über die erste Nutzungsphase eines Produktes hinaus zur erneuten Verwendung in den Materialkreislauf zurückzuführen. Diesem Prinzip entgegen steht die derzeitig noch vorherrschende industrielle Produktion für eine lineare *Wegwerf*-Wirtschaft, in der ein Großteil der verarbeiteten Materialien nach einmaliger Nutzung deponiert oder verbrannt wird. Eine der zentralen Herausforderungen unserer Zeit ist die Knappheit der natürlichen und nicht erneuerbaren Ressourcen, welche durch dieses verschwenderische Produktions- und Nutzungsprinzip noch weiter verschärft wird: Während es die Ressourcen erschöpft, belastet dieses System gleichzeitig die Umwelt durch die Deponierung oder Verbrennung von wertvollen Rohmaterialien.

Die Intention einer Kreislaufwirtschaft hingegen ist es, Produkte als Ganzes oder deren Komponenten wieder zu verwenden und zu recyceln, um ihren gesamten Input wie Rohmaterial, Energie und Arbeitskraft zu sichern und optimal zu nutzen. Die Entscheidung für den nächsten Verwendungszweck sollte nach dem Prinzip der Abfallhierarchie getroffen werden. Dies strebt nach der größtmöglichen effizienten Weiternutzung eines Produktes bei einem Mindesteinsatz weiterer Ressourcen. Die Devise lautet: Wiederverwendung im Original vor Wiederverwertung und Weiterverarbeitung. Aus diesem Grund spielt nicht nur Recycling sondern besonders die Wiederverwendung und Mehrfachnutzung durch mehrere Konsumenten eine zentrale Rolle im Konzept der Kreislaufwirtschaft.

In diesem Kontext gewinnen innovative und serviceorientierte Business- Modelle, die eine gemeinschaftliche Nutzung von Produkten durch mehrere Konsumenten ermöglichen, an Bedeutung. Diese Produktservices sind grundsätzlich keine neue Erfindung und werden in vielen, auch textilen Bereichen schon lange angeboten: besonders der Verleih von Garderobe für einmalige Anlässe ist ein etabliertes Geschäft. Der gegenwärtige Überkonsum von Kleidung und vor allem die beschleunigten Trendzyklen reduzieren die durchschnittliche Nutzungsdauer von Alltagskleidung so stark, dass sich hier eine mehrfache Nutzung der Produkte durch verschiedene Konsumenten anbieten würde, um den Input der gesamten Wertschöpfungskette optimal und effektiv zu nutzen. Erste Brands lehnen den einfachen Verkauf von Kleidung ab und bieten monatliche Miet-Services oder langfristige Leasing-Modelle für Alltagsmode und Anlasskleidung an. Dies fordert die Konsumenten und Produzenten zu einem grundsätzlichen Umdenken ihrer bisherigen Schemata auf: innerhalb eines Service angebotene Produkte bleiben meist im Besitz der Anbieter. Deswegen bedeutet es einen Vorteil für sie, wenn sie hochqualitative, langlebige Produkte herstellen, die frei sind von geplanter Obsoleszenz und möglichst viele Nutzungsphasen erlauben. Die Konsumenten hingegen werden in solchen Systemen gefordert, ihr gewohntes Gefühl des Besitzes aufzugeben für eine temporäre Verwendung entsprechend der Dauer der tatsächlichen Nutzung. Dies birgt möglicherweise einen finanziellen Vorteil, kann Zugang zu einer größeren, abwechslungsreicheren Auswahl von Produkten schaffen und bietet Entlastung bezüglich Reparatur und Entsorgung. Darüber hinaus entwickeln sich aktuell auch nichtkommerzielle und privatorganisierte Plattformen, um die gemeinsame Nutzung von Produkten zu vereinfachen, Kosten zu sparen und die Umwelt zu schonen.

EN

The concept of circular economy aims to return already processed raw materials to the material cycle over and above their first use as a finished product, to be used again. This principle is contradicted by the currently prevailing model of industrial production for a one-way "throwaway" economy, in which the majority of processed materials end on a waste dump or are incinerated after only being used once. One of the central challenges of our time is the scarcity of natural and non-renewable resources, which is further exacerbated by this wasteful principle of production and use: and while it exhausts these resources, this system at the same time pollutes the environment through the dumping of valuable raw materials on landfill sites or their incineration. The idea behind a circular economy, on the other hand, is to re-use and recycle products either intact or broken down into their components, in order to secure their entire input – raw materials, energy and labour – and use them optimally. The decision on what an object is to be used for next should be guided by the principle of "waste hierarchy". This strives to achieve the highest possible effective re-use of a product while investing the minimum further input possible. The motto here is: re-use in the original form is preferable to recycling and reprocessing. For this reason a crucial role in the concept of the circular economy is played by recycling, but especially also by the re-use and repeated use of things by several consumers.

In this context, innovative and service-orientated business models which enable the co-consumption of products by several consumers are becoming ever more important. These product services are not in essence a new thing, and have already been on offer for a long time in many sectors, including textiles: renting out clothing for non-recurring occasions is an established type of business. The current overconsumption of clothes, and in particular ever faster trend cycles, reduce the average period of wear for everyday garments to such an extent that multiple use of the same garments by several consumers might be an appropriate way to use the input of the entire value chain optimally and in the most effective way. The first brands are now beginning to reject simply selling clothes and are offering monthly rental services or long-term leasing models for everyday fashion and wear for special occasions. This challenges the consumers as well as the manufacturers to radically rethink the parameters within which they have previously thought and acted: products offered under a service mostly remain the property of the provider. That is why it is to their advantage to make high-quality, long-lived products free of planned obsolescence, which can go through as many phases of use as possible. The consumers, on the other hand, are encouraged to give up their familiar sense of ownership in such systems in favour of temporary use just for the time they actually need the garment. This may bring financial benefits, can give them access to a wider, more varied selection of products and relieve them from the hassle of mending and disposing of things. On top of this, non-commercial and privately organized platforms are currently being developed to facilitate the common use of products, to save costs and to ease the burden on the environment.

Re- / Up- / Downcycling & Cradle to Cradle Prinzip

Re- / Up- / Downcycling & the Cradle to Cradle Principle

Ina
Budde

DE

Textilrecycling beschreibt die Weiterverwertung von Alttextilien und umfasst deren Sammlung, Sortierung, Aufbereitung und Vermarktung. Alttextilien fallen auf unterschiedlichen Ebenen an: Industrieabfälle wie Überreste aus der Herstellung oder nicht verkaufte Waren, werden unterschieden von Verbraucherabfällen, wie ausrangierte Kleidung und Heimtextilien. Im Vergleich zur Zurückführung der Industrieabfälle in den textilen Kreislauf gestaltet sich die Rückgewinnung der Verbraucherabfälle schwieriger: Von den bundesweit anfallenden Alttextilien werden rund 1,2 Millionen Tonnen durch Kleidersammlungen erfasst. Ein restlicher Teil wird über den Hausmüll entsorgt. Die Kleidersammlungen erfolgen über karitative Einrichtungen sowie kommerzielle Unternehmen, welche die ausrangierten Textilien sortieren und ihrer bestmöglichen Weiternutzung zuführen. Je nachdem, ob ein Material durch die Wiederverwertung im Vergleich zum Original einen höheren, gleichbleibenden oder niedrigeren Wert erhält, wird entsprechend von Up-/Re- oder Down-cycling gesprochen. Etwa 43 Prozent der gesammelten Alttextilien sind gut erhalten und können direkt als Secondhand-Mode angeboten werden *(Re-Use)*. Der übrige Teil wird hauptsächlich für niedrigere Nutzungszwecke weiterverwertet (Down-cycling) wie z.B. als Putztücher oder Füllmaterial. Nur selten wird bei der stofflichen Weiterverwertung eine Folgenutzung auf gleichem Niveau (Re-cycling) oder sogar mit einem gesteigerten Wert *(Up-cycling)* erreicht. Grund hierfür ist die Tatsache, dass ein weiterer Nutzungszweck oder eine gute Recyclingfähigkeit bei der Gestaltung eines Produktes meist nicht eingeplant wird.

Die Prozesse der stofflichen Wiederverwertung untergliedern sich in mechanisches und chemisches Recycling. Das gängigere mechanische Verfahren ist für Natur- und Kunstfasern gleichermaßen möglich: Bestenfalls werden Textilien nach Farbe und Material vorsortiert, von allen

Fremdmaterialien befreit und mechanisch zerkleinert. Hiermit geht ein Qualitätsverlust einher (Down-cycling), da sich eine Verkürzung der Fasern nicht verhindern lässt. Als Folge muss ein Großteil an Frischfasern hinzugefügt werden, um ein haltbares und qualitätvolles Endprodukt zu garantieren. Beim chemischen Recycling können zwar nur sortenreine synthetische Fasern verarbeitet werden, jedoch wird ein viel hochwertigeres Endergebnis erzielt. Synthetische Fasern wie Polyester oder Nylon werden in ihre ursprünglichen Bestandteile zerlegt und von Farbpigmenten und Verunreinigungen befreit. Durch diesen Prozess können aus dem wiedergewonnen Grundmaterial neue Fasern in Originalqualität hergestellt werden (Re-/Up-cycling). Closed-Loop Recycling zielt auf geschlossene Materialkreisläufe ab, durch die aus recycelten Materialien wiederum recyclingfähige Produkte entstehen. Designansätze und Herstellungsprozesse, in denen weitere Nutzungszwecke und das Recycling direkt mit einbezogen werden (Design for Re-/Up-cycling), verfolgen Strategien wie die Vermeidung von Fasermischungen (Monomaterial-Design) oder entwickeln von Beginn an Methoden für eine Trennung von verbundenen unterschiedlichen Materialien (Design for Disassembly). Die gedankliche Grundlage hierfür bildet das Cradle to Cradle Prinzip: hochqualitative und gesunde Ausgangsmaterialien zirkulieren entweder im biologischen oder technischen Kreislauf und fungieren dementsprechend durch ihre biologische Abbaubarkeit oder sortenreine, hochwertige Recyclingfähigkeit als unendliche Nährstoffe, ohne jemals „Abfall“ zu werden. Das Cradle to Cradle Prinzip findet auch in der Textilbranche bereits einige Anwendungen. Dieser Anspruch birgt jedoch neben der Herausforderung einer sortenreinen Gestaltung noch weitere Konsequenzen: Die erzielte Recyclingfähigkeit eines Produktes sollte durchgängig in allen Nutzungsphasen kommuniziert sein, um zu garantieren, dass es schlussendlich tatsächlich zum entsprechenden Recyclingunternehmen gelangt. Zur Zeit jedoch sind die Mengen an recyclingfähiggestalteter Mode und die davon aufkommenden Rückströme durch fehlende Infrastrukturen noch zu gering, um profitable Recyclingvorgänge zu ermöglichen. Die Entwicklung hin zu einer Kreislaufwirtschaft, in der Produkte im Besitz der Anbieter bleiben, könnte diese Strukturen direkter organisieren und ein sortenreines Recycling mit noch qualitativ hochwertigerem Ergebnis vorantreiben.

EN

Textile recycling is the re-use of old textiles, and comprises their collection, sorting, processing and marketing. Used textiles can come from different levels: from preconsumer or post-industrial waste, such as scraps left over from production or unsold wares, and are distinguished from post-consumer waste such as discarded clothing and household textiles. In comparison to the return of industrial waste to the textile cycle, the recovery of consumer waste is more complicated: of the old textiles which accrue in the whole of Germany, some 1.2 million tonnes are accounted for by clothing collections. The rest ends in the household waste. Old clothes collections are operated by charitable organizations as well as commercial companies, who sort the discarded textiles and pass them on for use in the best way possible. Depending on whether the value of the material in its new form is higher, the same or lower than the original, we speak of up-/re- or down-cycling. Something like 43% of the textiles collected are in good condition and can be sold as second hand fashion (re-use). The rest is mainly used for lower-value purposes (down-cycling), e.g. as cleaning rags or filling material. Seldom the re-use of textile material can be done on the same level (recycling) or even with added value (up-cycling). The reason for this is the fact that re-use for another purpose or good recycling properties are mostly not designed into a product from the outset. The processes used in the recovery of material are divided into mechanical and chemical recycling. The procedure for mechanical recycling, which is more frequently used, is equally possible for natural and synthetic fibres: in the best case the textiles are pre-sorted according to colours and material, all foreign materials removed and then mechanically shredded. This involves a loss in quality (down-cycling), since it is not possible to avoid shortening the fibres. As a consequence, a high proportion of fresh fibres needs to be added in order to guarantee a durable and good-quality end product. In chemical recycling, only unmixed synthetic fibres can be processed, but the quality of the final product is much better. Synthetic fibres such as polyester or nylon are broken down into their original constituents and cleansed of colour pigments and impurities. By means of this process, the salvaged raw material can be used to produce new fibres of the same quality as the original (re-/upcycling). Closed loop recycling aims at creating a closed material cycle which can enable recycling a second time into new products. Design approaches and manufacturing processes which directly incorporate the use for further purposes and recyclability into the product (design for re-/up-cycling) adopt strategies such avoiding mixing fibres (monomaterial design), or develop methods for separating different materials used in composite form (design for disassembly). The philosophy behind this is the cradle to cradle principle: high quality and healthy source materials go through either a biological or technological cycle, thus acting, either because they are biodegradable or can be segregated and recycled into high quality new material, as endlessly usable feedstock, without ever becoming "waste". The cradle to cradle principle is already finding some applications in the textile sector. Trying to meet these requirements, besides the challenge of enabling material to be segregated into unmixed types, also has further consequences: the recyclability of a product, once achieved, needs to be communicated throughout all the phases of its use in order to make sure that it really does find its way in the end to the appropriate recycling company. The amount of recyclable fashion and the return flows generated by it are currently too small, due to the lack of suitable infrastructure, to make such recycling profitable. Progress towards a circular economy in which products remain the property of their providers could help to make the way these structures are organized more direct and drive the development of material segregation for recycling, with even higher quality, higher value results.

Ein Appell für Qualität in der Mode
An appeal for quality in fashion

Friederike
von Wedel-Parlow

DE

Dies ist ein Aufruf an alle Designer, ihren Auftrag und die Chancen zur Gestaltung wirklich wahrzunehmen! Schönheit entsteht genau an der Schnittstelle zwischen ästhetisch und kulturell reichhaltiger Gestaltung und gesunden Herstellungsprozessen. Diese äußeren und inneren Werte stellen den Menschen in das Zentrum.

Mode kann nicht nur weniger schlecht sein und den ökologischen Fußabdruck minimieren, sie kann unser Leben bereichern, einen positiven Fußabdruck hinterlassen, indem sie Schönheit und Wohlgefühl spendet. Sie kann mit aufbauenden Geschichten derjenigen, die sie hergestellt haben, sowie ausgefeilten Material und Handwerktechniken aufwarten. Ästhetische und technische Innovation der Gegenwart verbindet sie mit den Errungenschaften der Vergangenheit und bietet intelligente Lösungen für die Zukunft an: Qualltät, die man weitergeben und erhalten möchte, die Nahrung für etwas Nächstes sein kann.

Qualitätssinn muss geschult werden. Wer nur Fast Fashion kauft, kann echte Qualität kaum mehr erkennen. Gewinnmaximierte Bekleidung, schnellstmöglich und preisorientiert gestaltet und hergestellt und an kurzfristigen Trends und den Verkaufszahlen orientiert, ist nicht Mode im eigentlichen Sinne. Mode ist kulturschaffend, sinnstiftend und zukunftsweisend. Die Maxime der Fast Fashion dagegen ist der finanzielle Profit. Stoffe und Schnitte aus gewinnoptimierten Prozessen haben jegliche materielle wie kulturelle Qualität verloren: Ohne Wert produziert, kurz genutzt, gleich wieder entsorgt; Waschen lohnt sich kaum bei diesen Preisen geschweige denn Ändern oder Reparieren. Standardisierung und Prozessverkürzung der Musterentwicklung führen zudem zu massiven Passformproblemen. Der Blick auf die günstigen Preisen tröstet jedoch großzügig über solche Qualitätsmängel hinweg.

Das ist der Unterschied, den Handwerk und Tradition

zu bieten haben. Hand und Auge werden über Jahre geschult, ganz bestimmte Techniken umzusetzen. Das Schneiderhandwerk hat eine lange Tradition. So wird ein einzelner Maßanzug beim Herrenschneider in mehr als 60 Arbeitsstunden in vielen verschiedenen liebevollen Arbeitsschritten hergestellt. Das Einsetzen des Ärmels ist dabei eine Kunst, die dem Meister vorbehalten ist. Handwerkstechniken, die über Jahrhunderte ausgefeilt und weitergegeben werden, die Zeit und Geld kosten, sind selten geworden. Traditionelle und lokale Handwerkskunst, die Werte schaffen, Identität und Kultur stiften und natürlich auch eng mit den Menschen verbunden ist, die mit diesen Materialien und Techniken arbeiten.

Dem Entwurf von wertiger Bekleidung geht eine intensive Recherche voraus. Vorraussetzung für gutes Design sind brennendes Interesse und Leidenschaft. Es geht hierbei genau nicht um die neuesten Trends und Prognosen sowie die Adaption gewinnbringender Bestseller der Vorsaison - oder der Konkurrenz, sondern um die kritische und persönliche Auseinandersetzung mit den wichtigen Themen der Geschichte, des Zeitgeists und Kultur sowie der intensiven Auseinandersetzung mit dem Kunden, den Menschen, für den der Entwurf gedacht ist. Mit Mode gestalten wir unsere nächste Umgebung, die Hülle, mit der wir durch das Leben gehen, drücken unsere Identität aus, und zeigen letztlich wie wir leben möchten, wie die Welt gestaltet sein soll in der wir Leben möchten. Mode, egal ob aus schnelleren oder langsameren Wechseln, ist Motor und Medium für Veränderung, und Designer haben die Möglichkeit, diese Prozesse positiv zu gestalten.

Nehmt Eure Rolle als Gestalter wahr, definiert Anforderungen an Material und Herstellungsprozesse, seid nicht bereit, eure kreative Kraft für die Gestaltung von Produkten herzugeben, die sich nach ihrer Nutzung als Sondermüll entpuppen. Seid Euch über das ‚Danach' bewusst. Mit jeder Entscheidung, die Ihr trefft, vermittelt ihr Werte und kulturelle Bedeutung, bestimmt Ihr über die Hautverträglichkeit der Produkte, über die Gesundheit Eurer Kunden und der involvierten Arbeiter sowie deren Arbeitsbedingungen. Ihr entscheidet, ob Eure Entwürfe das Leben verschönern, ob sie Geschichte in sich tragen und wert sind, das Leben Eurer Kunden lange zu begleiten, weiteren Nutzen in sich tragen und einen Beitrag für die Zukunft leisten.

EN

This is a plea for all designers to actually realize to the full their function and the opportunities for creativity! It is at the interface between aesthetically and culturally rich design and healthy manufacturing processes that beauty is born. These values, the outer and the inner, place the human being firmly in their focus.

Fashion is not merely capable of being a little less bad and reducing its ecological footprint to a minimum, it can enrich our lives, leaving a positive footprint by dispensing beauty and a sense of wellbeing. It has edifying narratives from those who have created it as well as sophisticated materials and craft techniques. It unites today's aesthetic and technical innovations and the achievements of the past and suggests intelligent solutions for the future: quality, which makes us want to pass it on to others and keep it fresh, which can nourish the next development.

The instinct for quality needs to be nurtured. Consumers of Fast Fashion, will hardly be able to recognize real quality when they see it. Clothes geared to maximizing profit, designed and produced as quickly as possible and driven by price pressure, orientated only to short-lived trends and sales figures, are no fashion in the proper sense. Fashion is a cultural asset; it creates meaning and blazes a trail into the future. Fast Fashion, in contrast, is geared solely towards profit. Material and cut from processes optimized for profit have already forfeited any claim to material as well as cultural quality: produced without value, only used for a short time and thrown away again in almost no time; it's hardly worth of washing it at these prices, altering or mending it. Standardization and shortening of processes during pattern design leads to massive size and fit problems. One look at the low prices more than makes up for such quality shortcomings, however.

That is the crucial difference that handicraft and tradition have to offer: hands and eyes trained over years to put very specific techniques into practice. Tailoring has a long tradition. It takes more than 60 hours to make a bespoke man's suit in many individual work steps, each performed with loving care. Fitting the sleeve here is an art reserved for the master tailor. Craft techniques perfected and passed down over centuries, which cost time and money, have become very rare - traditional and local arts and crafts which create value and forge an identity and a culture, and are naturally closely bound up with the people who actually work with these materials and techniques.

The design of high-quality clothing is preceded by intensive research. The requirement for good design is burning interest and passionate zeal. It is precisely not a question of the newest trends and forecasts and adapting last season's profitable best-sellers or competitors' designs – but it is about finding a critical and totally personal approach to the important issues of history, the zeitgeist and culture in general as well as about intensive interaction with the customer, the person the design is intended for. With fashion, we craft our closest environment, the wrapper we choose to go through life in, we express who we are and in the final resort how we want to live, what the world in which we want to live should look like. Fashion, whether the shifts of style which propel it are slow or fast, is the motor and the medium for change – and designers have the power to shape these processes as a positive force.

Perceive your role as shapers of reality, the ones who define what requirements materials and production processes must meet; don't be all too ready to squander your creative potential on designing products which reveal themselves as hazardous waste after being used. Be aware that there is an "afterwards". With every decision you make, you are communicating values and cultural meaning, determining whether the products will be skin compatible, managing the health of your customers and the people who make clothes and the conditions they work in. It is your decision whether your designs make life more beautiful, have the impulse of history in them and deserve to accompany your customers for a long time, have further uses built into them and help to shape the future.

Autorenverzeichnis
Index of authors

Dr. Claudia Banz
Leiterin Sammlung Kunst und Design der Moderne,
Museum für Kunst und Gewerbe Hamburg
Kuratorin Fast Fashion
S. / p. 10, 25, 35

Dr. Marina Beermann
Consultant Klimafolgen / Unternehmerische Resilienz / Ernährungswirtschaft, Systain Consulting GmbH Hamburg
S. / p. 182

Jamil Bhuiyan
MBA-Studierender Multichannel Trade Management in Textile Business, Hochschule für Angewandte Wissenschaften Hamburg
S. / p. 140

Dr. Marc Brandt
Fachgebiet Chemikalien, Umweltbundesamt
S. / p. 155, 172, 174, 175, 178, 179

Ina Budde
Designer of Sustainable Fashion and circular models, Berlin
S. / p. 186, 189

Stephan Engel
Direktor, Systain Consulting GmbH Hamburg
S. / p. 74

Sabine Franke
Bekleidungsingenieurin, Junior Kuratorin Fast Fashion
S. / p. 50

Anke Hagemann
Ideenshop, Berlin
S. / p. 129, 132

Prof. Patrick Kugler
Professor Bekleidungstechnik, Supply Chain Management und Produktmanagement, Hochschule für Angewandte Wissenschaften Hamburg
S. / p. 138

Dr. Bettina Musiolek
Referentin Entwicklungspolitisches Netzwerk Sachsen e.V. ENS
S. / p. 166

Dr. Lucy Norris
Honorary Research Fellow, Anthropology, University College London
S. / p. 142, 145

PD Dr. Ralph Pirow
Abteilung Chemikalien - und Produktsicherheit, Bundesinstitut für Risikobewertung
S. / p. 153, 173, 177

Angelika Riley
Leiterin Sammlung Mode und Textil, Museum für Kunst und Gewerbe Hamburg
S. / p. 58, 61, 64

Frank Schmidt
Fachreferent für Tiere in der Bekleidungsindustrie, PETA Deutschland e.V.
S. / p. 168

Marijke Schöttmer
Consultant Klima und Energie / Ressourceneffizienz, Systain Consulting GmbH Hamburg
S. / p. 160

Carolin Wahnbaeck
Pressesprecherin, Greenpeace e.V.
S. / p. 157

Waltraud Waidelich
Referat Konsumethik und Feministische Ethik, Frauenwerk der Nordkirche
S. / p. 163

Friederike von Wedel-Parlow
Direktor MA Programme Sustainability in Fashion, ESMOD Berlin
S. / p. 67, 70, 193

Miriam Wolf
Programmgeschäftsführung [Q] STUDIES, Hafen City Universität Hamburg
S. / p. 16

Brigitte Zietlow
Fachgebiet Übergreifende Angelegenheiten, Chemische Industrie, Feuerungsanlagen, Umweltbundesamt
S. / p. 150, 172, 174, 175, 178, 179

Der Magalog erscheint anlässlich der Ausstellung „Fast Fashion. Die Schattenseiten der Mode“ im Museum für Kunst und Gewerbe Hamburg vom 20. März – 20. September 2015.

Magalog

Herausgeber
Editor
Sabine Schulze, Claudia Banz

Idee
Idea
Claudia Banz

Konzeption
Concept
Claudia Banz, Mitarbeit: Sabine Franke,
Nils Reinke-Dieker, Larissa Starke,
Friederike Wolf

Wissenschaftliche Assistenz
Scientific assistant
Sabine Franke

Lektorat
Proofreading
Uta Bach, Claudia Banz, Sabine Franke,
Luisa Hilmer

Grafikdesign
Graphic design
Nils Reinke-Dieker
www.nilsreinkedieker.de
Larissa Starke
www.larissastarke.de
Friederike Wolf
www.friederikewolf.com

Übersetzungen
Translations
Philipp Marston,
www.world2world.net-Jim Blake

Druck und Bindung
Printing and binding
Beisner Druck GmbH & Co. KG

Ausstellung
Exhibition

Kuratorin
Curator
Claudia Banz

Junior Kuratorin
Assistant curator
Sabine Franke

Co-Kuratorin Slow Fashion Labor
Co-curator Slow Fashion laboratory
Miriam Wolf

Praktikum
Internship
Luisa Hilmer

Ausstellungsarchitektur
Exhibition architecture
Studio Experimentelles Design,
Hochschule für Bildende Künste Hamburg

Ausstellungsgestaltung
Exhibition design
Kooperative für Darstellungspolitik
(Jesko Fezer, Anita Kaspar, Andreas Müller,
Mitarbeit: Fynn-Morten Heyer)

Ausstellungs- und Infografik
Exhibition- and info graphics
Nils Reinke-Dieker, Larissa Starke,
Friederike Wolf

Übersetzung
Translation
Philipp Marston,
www.world2world.net-Jim Blake

Konzept Videofilme
Concept videos
Jonas Amelung, ellipsefilm Hamburg;
Lisa Dutschmann, Veronika Engelmann

Wissenschaftliche Beratung
Scientific advise
Marc Brandt, Oliver Klante, Patrick Kugler,
Angelika Riley, Tina Stridde,
Friederike von Wedel-Parlow, Brigitte Zietlow

Museum für Kunst und Gewerbe Hamburg

Direktorin
Director
Sabine Schulze

Kaufmännischer Geschäftsführer
Managing director
Udo Goerke

Marketing
Marketing
Silke Oldenburg, Ulrike Blauth, Sina Fuhrmann

Vermittlung
Learning
Silke Oldenburg, Manuela van Rossem, Friederike Fankhänel, Marleen Hemmert

Presse
Press
Michaela Hille , Friederike Palm

Projektmanagement Ausstellungen
Exhibition project manager
Frank Hildebrandt

Veranstaltungsmanagement
Event management
Bettina Schwab

Technische Leitung
Technical manager
Thomas Frey

Ausstellungstechnik
Technical exhibition team
Alberto Polo Pallares, Egon Busch, Damian Kowalczyk, Grigori Medvedev, Mike Martens, Ahmed Salmann, Andreas Torneberg

ISBN 13978-3-923859-82-5
fastfashion-dieausstellung.de

Print CO2 kompensiert
Id-Nr. 1545359
www.bvdm-online.de

FSC® www.fsc.org
RECYCLED
Papier aus Recyclingmaterial
FSC® C004867

Wir danken unseren Förderern
und Projektpartnern

Karin Stilke
Stiftung

DBU
Deutsche
Bundesstiftung Umwelt

Hochschule für Angewandte
Wissenschaften Hamburg
Hamburg University of Applied Sciences

systain

GREENPEACE

Umwelt
Bundesamt

HCU
HafenCity Universität
Hamburg

ESMOD BERLIN
Internationale
Kunsthochschule
für Mode